マドンナメイト文庫

禁断告白スペシャル 旅で出会った熟女たち

素人投稿編集部

第三章　欲しがりの巨尻に灼けた肉槍を

第四章　夏の女体は繰り返し昇りつめて

※本書に掲載した投稿には、読みやすさを優先して、編集部でリライトしている部分もあります。なお、投稿者・登場人物はすべて仮名です。

第一章

非日常が煽り立てる人妻の性感

フェス会場で開放的になった美人妻二人組熟れ切った体を交互に味わって……

河村義徳　会社員・二十七歳

コロナ禍になる前の最後の夏、私は大好きなフェスに出かけました。

高原に巨大なステージが並び、真夏の太陽の下、数十万の観客がビールとロックに酔いしれる最高のイベントです。

もっとも、このとき私には、実はけっこうな不満もありました。同行を約束していた女友だちから直前のドタキャンを食らったのです。仕事で知り合った同世代の女の子で、うまくすれば夜にワンチャンあるかもとぶっちゃけよからぬ下心もありました。

そのために宿泊用のけっこう立派なテントまで買ったのに、です。急なことで代わりに来てくれる友人も捕まらず、三人は優に寝られる大きなテントに、私はさびしく一人で寝るハメになったわけです。

まあいいか。人に気をつかわずマイペースで楽しむのも悪くない。

私は気持ちを切り替え、好きなバンドのパフォーマンスを純粋に楽しむことにしました。

その年のフェスには、私のお気に入りの海外バンドも出演していました。さほどメジャーなバンドではありませんが、十年ぶりの来日で私は個人的に大盛り上がりでした。旅の恥はかき捨てとばかりに一人で踊っていると、不意に私は背中をポンと叩かれました。

「お兄さん、いいTシャツ着てるじゃない」

最初は知り合いかと思いましたが、いくら見ても覚えのない顔の女性二人組でした。派手目のメイクにサングラスをしていますが年齢は四十代くらい。二十七歳の私から見れば、母親みたいな年齢のおばさんです。

しかしよく見れば、二人が着ているのは私とまったく同じTシャツでした。いまステージに立っているバンドの、十年前の日本ツアーグッズです。いまではかなりのレア物で、周囲を見回してもほかに同じものを着ている人間はいません。

「あっ、お姉さんたちも〇〇〇のファンですか！」

「そうだよー。なによ、お兄さん、一人で来てるの？」

熟女たちはじろじろとこちらを見つめます。

「ええまあ。ツレにドタキャンされまして」

バツが悪そうな顔をする私のお尻を、熟女たちはパチーンと叩きました。

「じゃあさ、お姉さんたちといっしょに騒ご！」

ただでさえお祭り騒ぎの会場で、マニアックなバンドのファン同士です。しかも熟女たちはテキーラのボトルを手に、それを水みたいにぐびぐび飲んでいます。

私もすでにビールを何本か空けていて、かなりハイテンションでしたから、私たちはたちまち意気投合、ごく自然にいっしょにライブを楽しむことにしました。

ステージの合間に聞いたところでは、熟女たちは二人とも、もうすぐ成人するお子さんがいる主婦だということでした。

長めの髪を明るく染めたむっちりタイプのお姉さんは恭子《きょうこ》さん、黒髪ショートですらりとしたほうが由美《ゆみ》さんといい、若いころは人気バンドのおっかけをして日本中飛び回っていたそうです。

夜も更けてステージも終わり、観客たちはそれぞれホテルに引き上げたり、自分のテントにもぐり込んだりしはじめました。

恭子さんと由美さんは、まだ飲み足りないといった様子でした。

元気なオバサンたちだな。私は苦笑しながら、自分のテントに二人を誘いました。

もともと狙っている女の子を引っぱり込む目的でしたから、私としてはかなり奮発した大きなテントで、三人入っても中はゆったりです。

ランタンの小さな灯りの下、クーラーボックスの缶チューハイを傾けながら、私は二人の熟女ととりとめもない雑談を楽しみました。

「でも、そんなに日本中おっかけ活動やってて、よくお金が続きましたね。たいへんだったでしょう」

黒髪ショートの由美さんが、豪快に笑いました。

「そりゃあんた、いちおうバイトもしてたけどさ、もちろんそれだけじゃ足りないわよ」

むっちりタイプの恭子さんが、Tシャツの上から自分のおっぱいを両手でつかんで、ぷるぷると上下に振って見せました。

母親と同世代とはいえ、Gカップはありそうな爆乳を間近で揺すられると、男の性《さが》でつい目を奪われてしまいます。

「いざとなったら、そこはオンナの武器の出番よお。あたしたちも、エッチはキライじゃない口だし。ねえ?」

「そういうこと。旅費とホテル代も、ココでほとんど稼いだかな? うふふ」

今度は由美さんが、カットオフジーンズから伸びたきれいな生脚をはしたなくぱっくりと広げて、股間のあの部分を指で指し示すのです。

由美さんの脚は四十代にしてはすばらしく引き締まっていて、汗にしっとり湿った内ももにも、私は目を釘づけにさせられてしまいます。

やべえ……オバサンだと思ってたけど、こうして見るとすげえ色っぽいな……。

電球色のランタンのセピア色の灯りとか、昼間からしこたま飲んでる酒のせいもあって、私はなんだか急にムラムラしてきました。

私はカラカラになった喉をなんとか潤そうと、残りわずかなチューハイをぐいと飲み干しました。

「お二人とも、若いころは、そのぅ、かなりヤンチャだったんですね」

恭子さんがねっとりと舌舐めずりして、こちらを見つめます。

「若いころはね……でも最近はとんとご無沙汰なの。フェスも、アッチのほうも……」

由美さんが私にしなだれかかって、Tシャツごしに私の乳首を指先でくりくりといたずらしてきます。

「あたしたち、ひさしぶりのフェスで体がほてっちゃってるの……なんとかしてくれない？　お兄さんのことも、いっぱい気持ちよくしてあげるから……」

アルコールを含んだ熟女の甘い汗のにおいが、むんっと鼻をつきます。

正直、これまで母親世代の女性に性的な興味を持ったことなどなかったのですが、私もかなり気分がハイになっていましたし、旅の恥はカキ捨てとも言いますし。

気づけば短パンの中で、私のナニははっきりと勃起していました。

黒髪ショートの由美さんが、めざとく私の変化に気づきました。

「あっ、お兄さん、もうギンギンじゃない……こんな年上のオバサン相手でも反応してくれるなんて、うれしい……サービスしちゃうわね」

由美さんは私の返事も待たず、短パンを脱がせてしまいます。

我ながら恥ずかしくなるほど、私のそこは硬直してそそり勃《た》っていました。

「あーん、こんな若いち○ぽ久しぶりぃ。いただきまぁす」

由美さんは私の股間に顔を埋《うず》め、舌先でちろちろと私のものをねぶり回すのです。

「うっ、ああっ……やべえ……」

酔っているのに、私の性感はなぜかふだんよりずっと高まり、由美さんの舌づかいもいままで経験したことがないくらい気持ちいいのです。

むっちりの恭子さんも、身を乗り出してきます。

「やだあ、由美ったら、自分ばっかりズルい。あたしにもお味見させてよ」

そう言うと恭子さんも、由美さんと顔を並べて、私のそこをぺろぺろしてきます。

ダブルフェラなんて、もちろん初体験でした。

熟達したおばさま二人がかりの舌技は、男の勘所を絶妙に刺激してはじらし、いままでのどの彼女のフェラよりすごいのです。

「おっ、おおお……たまんねえっ」

「うふふ、まだこれからよ」

恭子さんのぽってりした唇が、じゅるりと音を立てて私のサオをすすり込んでいきます。ねばっこく水気の多い熟女の口内で、私の亀頭がぐるぐると舌で転がされます。

それだけでも悶絶《もんぜつ》ものの快感なのに、由美さんは舌を伸ばして、タマタマのほうを一心不乱に舐め回してくれるのです。

「こ、これは……すごいっ……あっ、ああっ、やべっ、で、出るっ！」

サオとタマへの思いがけない強烈な同時刺激に、私は耐えることができませんでした。私の意思とは無関係に、気づけば私のナニはビクビクと精子を放出してしまっていました。

「んんっ!?　んーっ、んん……」

恭子さんは突然の射精にも私のそこを咥え込んだまま離しません。それどころか唇をすぼめ、一滴残らず吸い出そうとしてくれるのです。

由美さんが不満げに言います。

「あーん、もう出しちゃったの？　恭子、ゴックンしちゃダメよ。あたしにもおすそ分けちょうだい」

最後の一滴まで私の精液を吸い出すと、恭子さんはゆっくりと、唇を由美さんに重ねました。とろりと白濁した粘液が、由美さんの口に流し込まれます。

「あ……んんんー……濃いぃ……」

ぞくぞくっと肩をふるわせて、由美さんも私の精液を味わっていました。

二人はどうやらときどき女同士でもいたしているらしく、しばらく精子まみれの唇をくちゅくちゅと絡み合わせて、私の汁の味を堪能《たんのう》していました。

やがて口の中のものをごくりと飲み干して、恭子さんと由美さんはまたどんよくな視線をこちらに向けるのです。

私のそこも、熟女たちの異様な性欲に当てられたのか、まったくうなだれることなくフル勃起のままでした。

「あーん、まだ元気いっぱいじゃない。若いって最高ねえ」

「ほんと！　一晩中でも楽しめそう」

熟女たちは口々にはしゃいだ声をあげながら、自分のTシャツとジーンズを、さらには下着まで惜しげもなく脱ぎ捨てました。

見たこともないでっかいブラジャーを取り去った恭子さんのバストは、メロンみたいに巨大でした。乳房の豊かさに比例して幅の広い乳輪も、なんとも言えず淫らです。色白むちむちの肌に、濃密な黒いアンダーヘアのコントラストも強烈でした。

一方スレンダーなショートカットの由美さんは、日ごろからジムで鍛えているのでしょう、贅肉のほとんどないダンサーのような体つきです。お肌も日サロで焼いているのか、小ぶりながら二十代みたいにぷりっと張ったおっぱいも、ほとんどたるみのないお尻も見事な小麦色です。驚いたことに、陰毛はすべて処理してあって、アソコはツルツルのパイパンでした。

実に対照的な二人の熟女の裸体でした。もちろん私の股間はますますいきり立ち、すぐにも二発目を暴発しそうでした。

「ほら、いらっしゃい。今度はここで責めてあげる」

恭子さんが、両手で自分の爆乳を持ち上げ、ふるふるとしてみせます。

すかさず由美さんが、恭子さんの谷間にだらりとヨダレを垂らしました。

あおむけになった私の腰を抱え上げるようにして、恭子さんは勃起したモノを爆乳の谷間に挟み込みます。ヨダレでぬるぬるになったおっぱいの狭間は、お口とはまた違ったなんとも言えない刺激でした。

「うふふ、どうかしら。男の子って、パイズリ好きでしょ？」

「はい……こんな大きなおっぱいでしてもらうの初めてです……くうーっ、最高です」

恭子さんは自分の爆乳を使うプレイにも熟達していました。左右の乳房を互い違いにこすり合わせて私のソレを刺激したかと思えば、谷間からぴょこんと突き出した亀頭の先っちょを舌先でチロチロくすぐったりするのです。

私がうっとりとあおむけになっていると、今度は由美さんが、私の顔を跨《また》ぐのです。

「ねえー、自分ばっかり気持ちよくなってちゃダメよぉ。あたしも感じさせて……ほら、ベロ出して、あたしのおまんまんナメナメしてぇ」

由美さんがゆっくりと腰を落とすにつれ、毛のないワレメがばっくりと口を開けて、こちらに迫ってきます。アワビのようなビラビラの奥に、ピンと突き立ったクリトリスや、溢れる愛液にじっとりうるんだピンクの小陰唇がヒクついているのまでくっきり見えます。

ぴとっと由美さんのマン肉が私の唇に押しつけられました。たちまち、塩気を帯《お》びた熟女のジュースが口いっぱいに広がります。

私は夢中で舌を動かして、由美さんのワレメの奥をほじくり、あるいはコリコリした肉豆をいじってやります。

「あはぁぁんっ、う、うまいじゃないの……あぁーっ、イイわよぉっ。こんな若い子に舐めてもらうの久しぶりぃ……めっちゃ感じるわぁっ。はああんっ、クンニ大好きぃ。もっと、もっとレロレロするのよ、ああ、そうよ、たまんないっ」

由美さんは激しく反応し、自分からぐりぐりと腰をグラインドさせて、さらに強くワレメを私に押しつけてきます。熟れたマン汁があとからあとから滴《したた》り出してきて、私の顔面もたちまちびしょびしょになっています。

「あんっ、あんっ、もう、我慢できないっ！　あんっ、あんあんっ！　イキそ……ねえ、イッていい？　お口でイキたぁい……んんーっ、もう止まらないわぁっ！　イクッ、イクぅぅっ！」

由美さんは私の髪をつかむと、私の顔に押しつけた股間をガクガクっとわななかせました。ジョワァッと生温かい汁がワレメから迸《ほとばし》り出て、私の顔に滝のように降り注ぎました。

爆乳熟女にパイズリされながら、スレンダー熟女の本気潮を浴びるなんて、まるで夢みたいな体験でした。

　ぐったりと倒れ込んだ由美さんに、恭子さんがあきれたように言いました。

「やだ、あんたもイッちゃったの？」

「だって……このお兄さんじょうずなんだもん。いっぱい出ちゃった……でも、まだイキ足りないかも。挿入、してほしいな」

　由美さんは物ほしげに指を咥えて、よく鍛えた脚をバレリーナみたいに開くと、とろとろになったパイパンのアソコをなおも私に見せつけるのです。

　恭子さんは相変わらず私のブツをおっぱいで挟んだまま、いたずらっぽい目つきでささやきます。

「お兄さん、どうする？　これ、由美に入れてあげちゃう？」

　もちろん私も望むところです。すでに前戯での刺激は十分でした。

　どちらでもいいから、熟女おま○こに早くぶち込みたい。頭の中はもうそのことでいっぱいでした。

「ねえ、来てえ……お願い……」

　長い脚をピンと伸ばしたままコンパスのように広げた由美さんの上に、私は猛然とのしかかりました。

ナニを握り、由美さんの急所に狙いを定めます。先端がビラビラにふれたところで、私は由美さんの耳元で尋ねました。

「ゴムしてないけど、いいですよね？」

「つまんないこと聞かないの。ナマで入れて……ナマち○ぽ大好きなのぉ」

さすが若いころから遊び尽くしてきた熟女は言うことが違います。

私は遠慮なく、さっきからまったく勃起が収まらないモノをぐいっと由美さんの中へと押し込んでいきました。

「あ……入ってくるぅ……すっごぉい、ガチガチねえ……」

すでに一回クンニでマジイキしている由美さんのそこは、熱くしっとり濡れそぼっていましたが、日ごろから筋肉を鍛えているだけあって、アソコの締まりも抜群です。まるで十代の未熟な少女に入れているような抵抗です。とても経産婦とは思えません。

「あぁーっ、由美さんのここ、すごい……狭くてめっちゃ気持ちいい……」

私は思わずそう嘆声《たんせい》をあげてしまいました。

「ううん、ほんとう？　うれしいわ。ああ……あたしもたまんない。若いおち○ぽ入ってくるぅ……ああ、しびれちゃう。ああん、そうそう……もっと奥までぇ……はああ、すっごくいいいぃ……」

由美さんはじとっと私の目を見据えたまま、うわ言のようにつぶやきつづけます。

根元までたっぷりねじ込んでやると、由美さんの膣奥にはちょうど亀頭がふれるあたりに小さなヘラみたいなものがあって、それがこすれるとさらに快感です。

先っぽがその部分に当たるように、私は小刻みにピストンを始めます。

接触部分があまりに気持ちよくて、私はグッと歯を食いしばってしまいます。

「ああ、由美さん……めっちゃいいです。くううっ」

「あたしも……あたしもすごく感じるわあ。お兄さんのち○ぽ、硬くて最高……もっと、もっとグイグイしていいのよぉ……ああーっ、キテるぅっ！」

私のものが由美さんに激しく出し入れされている結合部を、恭子さんがうらやましそうにのぞき込みます。

「あーん、すごいじゃない。ほんとにナマでズボズボしてる。二人ともすっごく気持ちよさそう。由美なんか目トロンとさせちゃって……」

「だ、だって……あ、はああ……お兄さんの、硬くて、エラが張ってて、奥の感じやすいところズンズン虐《いじ》めてくれるんだもん……あっ、あっ、そこっ！　そこがいちばんいいのぉっ！」

ハメているところを第三者に間近で見られるなんて、私も興奮がさらに高まります。

自然と抜き差しの勢いもアップしてしまいます。

「あーっ、すごいすごいっ！　そんなにされたらおかしくなっちゃうっ！」

私のピストンに合わせてぷりぷりと揺れる由美さんの小ぶりなバストを、恭子さんが横からチロチロと舐めはじめました。二人は女同士の行為にも慣れているようで、由美さんはそれにも敏感に反応します。

「ああんっ、それもいいわ、恭子っ。おっぱい舐めてぇっ」

ただでさえ由美さんの名器に快感が限界寸前なのに、目の前でレズプレイまでされてはたまりません。ピストンのペースが自然に上がってくるのを、私は我慢できませんでした。

「あっ、あああんっ！　そ、そんなに強く、されたら、あたしすぐ、すぐイッちゃうっ！　ねえ、イッていい？　イッていい？　あああ、イクぅぅ……イクうぅ――っ！」

由美さんは甲高い声で叫ぶと、両脚を私の腰に絡みつけ、ガクガクと体を痙攣させます。ジュニアを包んでいるマン肉がさらに引き絞られて、私の射精欲求も限界寸前です。

「くううっ！」

唇を噛み締めて発射を耐える私に、由美さんは容赦なく膣を締めつけてねだります。

「いいのよ、出してっ。中で精液出したいだけぴゅっぴゅしてっ」

するとと恭子さんが、背後から私に抱きついて甘い声でせがむのです。

「やだやだやだぁ、まだ出しちゃダメよ。私にも残しておいて……」

たしかに、まだ恭子さんのアソコを味わっていませんでした。

私はまだ名残惜《なごり》しげな由美さんの中からジュニアを引き抜きました。糸を引く私のそれが、まだ精力パンパンなのを見て取った恭子さんは、私を由美さんの隣にあおむけに寝かせました。

「がんばっちゃったわねえ。次はあたしがご奉仕してあげるから」

恭子さんは私の上に跨《また》がると、自分から私の勃起の上にそろそろと腰を落としてくるのです。

ゆっくりと恭子さんの毛深いワレメに私のそれが呑まれていくのが、はっきりとわかります。

「あふう、ほんとに硬いのねえ。んーっ、あたしもこんな元気なち○ぽ久しぶりだから、アソコがどうかなっちゃいそう……あはぁっ、奥まで入っちゃった。やだあ、子宮までツンツンされてるぅ。お兄さんも、気持ちいい?」

寝そべった私は、由美さんのそことはまるで違う恭子さんの膣の感触に、われ知らず「うぅーっ」とうめき声を洩らしていました。

由美さんの膣が筋肉質のアスリート的な締めつけとすれば、恭子さんのそこは優しい母親のようにオトコを包み込み愛撫してくれる肉壺でした。

両者まったく特徴は違いますが、快感は甲乙つけがたいものでした。

「ほら、動いてあげる……ああんっ、中で元気なボクちゃんが暴れてるぅ。ああ、気持ちよすぎちゃう……」

私の胸に両手をついて、あられもない姿勢で跨った恭子さんは、いやらしく腰を上下にうねらせました。恭子さんがお尻を上げ下げするたびに、みっちりと厚みのあるマン肉が私のサオにねばりつき、息が止まりそうな心地よさです。

ぷるんぷるんと激しく踊る巨大な乳房も、強烈に視覚を刺激します。

「おお……んっ、たまんないわあっ。おま○ことろけそう……やっぱり若い男子のち○ぽ最高……おお……ううんっ、こ、腰が止まんないっ」

恭子さんからの逆ピストンはどんどんスピードが増していきます。さらに由美さんが、横から私の乳首をねぶったり噛んだりしはじめます。夢心地とはこのことです。

「も、もうダメぇ……あたし、イキそう……止まんないの。ああ、イクぅ……」

「ぼ、ぼくも……もう出ちまいそうだ……」

ずっと自制を続けてきた私のそこも、いよいよ限界間近でした。

由美さんがスケベそのものの薄笑いで、私と恭子さんの顔を交互に見つめます。

「いいわよ、二人とも、そのままイッちゃぉ。二人のイキ顔、見ててあげる」

「いやぁ、恥ずかしいから見ないでぇ……あ……あああっ、もう無理ぃっ！　イクっ、イクからぁっ！　お兄さん、お兄さんも、このまま中にね？　いっしょに、いっしょにイッてえっ！　あああ――っ！」

恭子さんのむっちりヒップが、最後に火を吹くような加速をしてくれます。

我慢に我慢を重ねてきた私も、それ以上はこらえきれませんでした。

「うっ、うっ、出るーっ！」

自分でも信じられないくらい濃厚な精子が、恭子さんの子宮めがけて大量に噴射されたのがわかりました。

しばらく頭の芯がじーんとするほどの絶頂感でした。

しばらくすると、恭子さんが腰を上げました。ぬぽっと音を立てて私のものが抜けると、由美さんが恭子さんのワレメに顔を近づけました。

「ああ、いっぱい出たわねえ。お兄さんの精液、とろとろ出てきてる……」

由美さんはそうつぶやくと、なんのためらいもなく恭子さんのワレメに口をつけて、逆流してきた精液をじゅるじゅるとすすりはじめたのです。

「んん、おいしい。精液おいしい……」

「やだぁ、由美ったら、そんなところナメナメされたら、またイッちゃうわぁ」

恭子さんは淫らにお尻を振って、また悩ましい声をあげるのです。

由美さんは恭子さんのアソコから吸い出した私の精液を、喉を鳴らして飲み込むと、今度は汚れた私のナニをお口でお掃除してくれるのです。

「うふっ、ここにもまだちょっと残ってる……」

唇をすぼめて、由美さんは私の残り汁までしゃぶり取ろうとします。

「あ、由美ったらズルい。私にもさせて」

恭子さんも負けじと、私の突っ張ったタマ袋を舌全体を使って舐め回します。

発射したばかりで過敏になっているところにこんな刺激をされたらたまりません。うなだれかけていた私のナニは、たちまち、またフル勃起してしまいました。

「あーん、もう元気になっちゃった……このぶんだと、朝まで楽しめそうね」

二人の熟女はにんまりすると、今度は恭子さんが四つん這いに、その上に由美さんが重なりました。鏡餅のように二人のお尻が重なり、もちろん二つのワレメも上下に並んで見えます。

ツルツルの小麦色のワレメと、剛毛のすき間から真っ赤なビラビラがのぞくワレメ……個性の違う熟女おま◯こが、次の快楽を求めてパクパクしていました。

「ねえ、今度は交互に田植えファックしてぇ」

「今度は私の中にドッピュンしてね、お願い」

もちろん私が、二人のおねだりにこたえたのは言うまでもありません。

夜明け近くまで、私たちは数え切れないほどまぐわい、イキまくったのでした……。

そのフェスは終わりましたが、私たちはその後も、日本各地のフェス会場で再会し、飽きることなくお互いの性欲をぶつけ合いました。

いいえ、それどころか、コロナでフェスが軒並み中止になった年ですら、私たちは示し合わせてキャンプ場で、リゾートホテルで顔を合わせ、互いをむさぼるのが夏の恒例行事になりました。

来年の夏も、私はどこかのテントでまたあの二人と楽しむつもりです。

運転免許合宿で出会ったお色気女教官
ペニスをぬかるみに導くとむせび泣いて

加倉誠也　会社員・四十七歳

いまから二十年前、転職の合間に運転免許を取ろうと、ある地方の免許合宿に申し込みました。

期間は二週間程度で、近場の民宿に宿泊し、学科教習や技能教習を受けるシステムです。

周囲は何もない辺鄙《へんぴ》な場所でしたが、教官のなかに一人だけ色っぽい熟女がいて、顔を合わせるたびにムラムラしていました。

合宿に参加していた女性の数は圧倒的に少なく、ルックスも並以下だったので、よけいに関心を惹いたのだと思います。

もちろん気軽に誘いをかけられるはずもなく、近くには遊ぶ場所もないため、日がたつごとに欲求が溜まっていきました。

合宿十日目が過ぎたころだったでしょうか。

とうとう我慢できなくなった私は民宿の息子さんから話を聞き、二キロほど離れた場所にスナックがあることを知ったんです。

その日の夜、私は山道をてくてくと歩き、一人でその店に向かいました。

店内はこじんまりしており、カウンターと二つのボックス席があるだけで、いかにも場末といった印象の店でした。

四十代と思われるママさんが一人で切り盛りしており、ヘルパーの若い女の子を雇っている様子は見受けられませんでした。

これではストレス解消にならないとがっかりしたのですが、すぐに席を立つわけにもいかず、奥のボックス席でしんみりビールを飲んでいました。

ところが帰ろうかと思いはじめたころ、あの熟女教官が店内に入ってきたんです。

「あら？」

「あ……ど、どうも」

照れくさげに頭を下げると、彼女はママさんと二言三言会話を交わし、にっこり笑って近づいてきました。

いつもは厳しい態度で接し、笑顔は目にしたことがなかったので、思わず胸がときめきました。

「一人なの？」

「え、ええ……そうです」

「同席、かまわない？」

「あ、はい、どうぞどうぞ！」

「頼子《よりこ》、お酒、こっちに持ってきて」

熟女教官はママさんに声をかけ、真向かいの席に腰をおろしました。

「いや、びっくりしました」

「こっちだって、同じよ」

「この店には、よく来るんですか？」

「たまにね……ここのママ、高校時代の同級生なの」

「そ、そうだったんですか」

「えっと……君は……加倉《かくら》くんだったわね」

「そうです、あなたは戸川《とがわ》……」

「梨花《りか》よ」

「梨花さんですか、いつもお世話になってます」

沈んでいた気持ちがパッと明るくなり、現金なもので、とたんにお酒もおいしくなりました。

あらためて互いに自己紹介してからは気分が和《なご》み、自然と話が弾みました。

彼女には離婚歴があり、いまは中学生の息子さんと二人で暮らしているとのこと。はっきりした年齢は教えてくれなかったのですが、四十代半ばでまちがいないと思います。

ベビーフェイスにぱっちりした目、小さな鼻にふっくらした唇と、私にとっては十分なほど性的な魅力を感じさせてくれる女性でした。

梨花さんは大きな胸もチャームポイントで、前方に突き出ているんです。

教習のときには目立たなかったのですが、襟元のえぐれたワンピースは豊満なバストを際立たせ、理屈抜きで股間の中心を疼かせました。

肉感的なのは胸ばかりでなく、まろやかなヒップの曲線は教習のときに確認していました。

ひょっとしてという気持ちはありましたが、民宿に連れ込むわけにはいかず、甘い展開は期待するだけ損だろうと考えていました。

それから、一時間半ほど飲んでいたでしょうか。

店内が常連客でいっぱいになるころ、二人ともすっかり酔っ払ってしまい、そろそろお開きにしようという話になったんです。

もっと話がしたかったのですが、子どもがいる以上、わがままは言えません。

「明日も教習があるんだし、ビシビシしごくからね」

「しごく？　何をですか？」

「こらっ！」

甘くにらみつけられて肩をすくめると、彼女はママさんに声をかけ、飲み代を全額払ってくれました。

「さ、行きましょ」

「あ、あの、お金……」

「いいわよ、そんなの……無理につきあわせちゃったんだし」

「で、でも、それはやっぱり悪いですよ」

店を出たあと、飲食代を差し出したのですが、彼女は頑《がん》として受け取らないんです。

「梨花さん！」

「いいって言うのに、あなたもしつこい人ね……それじゃ、もう一杯だけつきあってくれる？」

「も、もちろん！　でも、家のほうはいいんですか？　もう十時を回ってますけど」

「息子ね、今日は親戚の家に泊まりにいってるの。だから、久しぶりに息抜きをしようと思ったのよ」

「そ、そうだったんですか……もしかして、飲む場所って」

「私のうちよ、この坂を下ったところだから」

期待に胸が躍り、緊張に身震いしました。

誰もいない密室でお酒を飲むことになろうとは、まさにうれしい展開で、睾丸がキュンとひくつきました。

「さ、上がって」

平屋の木造建築は築年数も古く、けっして裕福な暮らしをしているとは思えませんでしたが、あのときは性欲だけに衝《つ》き動かされており、少しも気になりませんでした。

玄関を上がった左手がリビングで、畳敷きの絨毯の上に座卓と座椅子が置かれていました。

「ごめんなさいね、またつきあわせちゃって」

「いえ、そんなこと……でも、お酒が好きなんですね」

「そうなの、いまのところ、唯一のストレス解消法かな。ほら、この辺て、遊ぶ場所が全然ない田舎でしょ？　だから、酒飲みの人が多いのよ」

「なるほど、確かにそうですね……ぼくもスナックがあることを聞いて、民宿を飛び出してきたくらいですから」

「日本酒でいい？　それともビール？」

「あ、ビールで」

七月の暑い盛《さか》りでしたから、私は冷えたビールを頼み、彼女は日本酒を飲みはじめました。

「こんなおばちゃんと飲んでても、楽しくないんじゃない？」

「そんなことありません！　白状しちゃうと、初めて会ったときから……かわいい人だなと思ってたんです」

酔いの力を借り、ストレートに告白すると、梨花さんはまたもや上目づかいにねめつけました。

「まあ……その若さで、お世辞を言うなんて」

「お世辞なんかじゃありません……あの、梨花さんは……ぼくのこと、どう思いました？」

「それは……まあ、ふつうにかわいい子だなとは……思ったわよ」

恥ずかしげに目を伏せる熟女に胸が締めつけられ、股間の中心がズキズキと疼きはじめました。

「ホントですか？　それならそうと、言ってくれればいいのに」

「言えるわけないでしょ」

ツンと唇をとがらせる仕草がまたかわいくて、我慢できなくなった私は顔をゆっくり近づけていったんです。

「……あ」

一瞬、真顔になった梨花さんの表情はいまでも忘れられません。

軽く唇を重ねた直後、彼女のほうから私の首に手を回し、舌を口の中に差し入れてきました。

「ンっ、ンっ、ンっ！」

舌がもぎ取られそうなディープキスに目を白黒させる間、海綿体には大量の血液が流れ込み、あっという間に勃起してしまいました。

グラマーな体は火がついたように熱く、私自身も顔が火傷《やけど》するかと思うほどほてっていました。

キスをしながら胸をまさぐると、手のひらを押し返す弾力にポーッとし、ヒップをなでさすれば、なめらかなカーブに私の男がそそられました。

「あ、むっ！」

梨花さんも負けじと股間に手を被せ、手のひらでなぞられたときは危うく射精するかと思ったほどです。

熟女を押し倒してワンピースのすそをたくし上げ、太腿に手を這わせれば、むっちりした感触にこの世の幸せを噛みしめました。

ペニスが派手に突っ張った瞬間、ズボンのホックがはずされ、ウエストからしなやかな手がもぐり込みました。

「う、ふっ」

トランクスの下にすべり込んだ指が陰嚢と裏茎を這い回り、強力な電流を流したかのように身がひきつりました。

「あ、ふうっ」

長いキスのあと、梨花さんの目はしっとりうるみ、とても悩ましかったです。

彼女が身を起こして私のズボンを下着ごと引きおろすと、弾け出たペニスは極限まで膨張し、胴体にはいまにも破裂しそうな静脈がびっしり浮き出ていました。

「まあ、すごいわ」

「は、恥ずかしいですよ」

「ダメよ、隠しちゃ……もっとよく見せて」

汗を流してから民宿をあとにしたのですが、山道を歩いている間に汗はたっぷりかいていました。

ペニスは汗で濡れ光り、室内照明の光を反射してぬらぬらと輝いていました。

「こんなにコチコチになって……」

「あふっ」

梨花さんは真横から胴体に指を絡め、ペニスの量感を確かめているようでした。

もしかすると、異性と肌を合わせるのは久しぶりのことだったのかもしれません。

口元に微笑を浮かべたまま顔を沈め、私は驚きに目を見張りました。

「あ、ちょっ……むふぅ」

長い舌が裏茎から縫い目をチロチロ這い、カリ首をなぞられただけで心臓が高鳴りました。

ペニスを見おろすと、我慢汁が早くも溢れていて、ものすごく恥ずかしかったです。

「ああ、いいにおいだわ」

梨花さんはペニスの先端を左右の頬になすりつけると、小さな口を開き、真上からぐっぽりと呑み込んでいきました。

「お、おおっ」

濡れた唇がめくれ、根元まで咥え込まれたときは、熱い感動とともに快感が急カーブで上昇しました。

熟女はすぐさま軽やかなスライドを開始し、くっちゅくっちゅと淫らな音が室内に響き渡り、私はあまりの気持ちよさに天をあおぎました。

「はあはあっ、く、くうっ」

温かい粘膜にペニスを包み込まれ、ピストンのたびに舌で縫い目を掃《は》きなぶられ、あわてて肛門括約筋を引き締めました。

そうでもしなければ、瞬時にして射精へのスイッチが入ってしまいそうだったんです。顔の打ち振りが徐々に速度を増し、唇の狭間から垂れた唾液が陰嚢のほうまで滴りました。

ペニスはまたたく間に透明な粘液でとろとろになり、鬱血《うっけつ》して赤黒くなりました。

「り、梨花さんのも……見せてください」

このままではイカされてしまうと考え、裏返った声で懇願したのですが、彼女は聞く耳を持たずにペニスをしゃぶりつづけました。

「あ、おおっ」

私は仕方なくワンピースのファスナーをおろし、続いてブラジャーのホックをはずしたんです。

その間、梨花さんは自らショーツを脱ぎ捨て、男女の関係を望んでいるのははっきりわかりました。

「あ、あ……ホ、ホントに限界です……いいんですか？　このままイっちゃっても」

震える声で告げると、彼女はようやくペニスから口を離し、色っぽい眼差しを向けて言いました。

「……ダメ」

「ああ、梨花さんを抱きたいです」

「いいの？　こんなおばちゃんで」

「言ったでしょ、会ったときから、かわいい人だと思ってたって」

「ただ溜まってるだけじゃない？」

「そ、そんなことありません！」

会話の最中でも、梨花さんはペニスをしごいているのですからたまりません。

Tシャツを脱ぎ捨てて全裸になると、熟女も立ち上がり、ワンピースを肩からすべり落としました。

ブラジャーを抜き取った瞬間、マスクメロンのような乳房がふるんと揺れ、甘いミルクを思わせる香りがあたり一面にただよいました。

梨花さんは私の真横にひざまずき、またもや唇に吸いついてきました。その間、私は両手で乳房をもみしだき、しこり勃った乳頭を指先でこね回してあげたんです。

「ンっ、ンっ、ンうっ」

息苦しくなったのか、唇がほどかれると、すかさず胸に顔を埋め、たわわな乳丘をベロンベロン舐め回しました。

「すごいおっぱい……手のひらから、はみ出してます」

「言わないで……大きいの、気にしてるんだから」

「……くうっ」

細長い指がまたしてもペニスに巻きつき、私は歯を剝き出して射精の先送りを試みました。

「あなたのおチ○チンもすごいわ……若い人のって、こんなに硬いのね」

梨花さんは熱い溜め息をつくと身を屈め、再びペニスを咥え込みました。

片手を伸ばしてヒップのほうから女肉に指を這わせると、そこは大量の愛液でぬかるみ、ぬちゃっと卑猥な音が響きました。

「ン、むふうっ」

とろとろの陰唇を割り開き、指先を膣口に差し入れると、熟女はみけんにしわを寄せ、鼻にかかった喘ぎ声をあげました。

指を締めつけてくる柔襞の、なんとしっぽりしていたことか。

「ああ、梨花さんの……舐めたいです」

とうとう我慢できなくなり、本音を告げると、彼女は逆向きの体勢で私の顔を跨ぎ、女の園を隅々まで見せつけました。

ぱっくり開いた厚みのある花びらと、キラキラと濡れ光る赤い粘膜はいまだに目に焼きついています。

アンズにも似た甘ずっぱいにおいに誘われ、シックスナインの体勢から一も二もなくしゃぶりつきました。

「あ、はぁあぁっ」

顔の打ち振りが止まったところで、クリトリスと陰唇を口の中に引き込み、ここぞとばかりに吸い立てました。

「あ、ヒィィッ」

あれほどクンニリングスに夢中になったのは、初めてのことだったのではないかと思います。

頬をすぼめてすすり上げると、ヒップが大きくわななき、熟女はペニスを吐き出して高らかな声を張りあげました。

「あ、やぁあぁ！　ダメ、イクっ、イッちゃう！」

口で一度イカせてしまおうと、一心不乱にしゃぶり回す間、次第に体の打ち震えが大きくなり、やがてお尻がぶるんぶるんと震えました。

「あ、はあぁぁっ！」

どうやら絶頂に導いたらしく、彼女はそのままうつぶせ状態になり、私は身を起こしざまヒップを抱え込んだんです。

肉びらはすっかり開花し、大陰唇はもちろん、内腿のほうまでピンク色に染まっていました。

粘膜は愛液をたっぷりまとい、臨戦態勢を完全にととのえている状態で、私はためらうことなくペニスの切っ先を女の中心部にあてがいました。

「あ、くっ、くうっ」

さほどの抵抗もなく、カリ首が膣の入り口を通り抜け、柔肉が上下左右からペニスをおおい尽くしていきました。

あのときの快感は尋常ではなく、少しでも油断したら射精してしまうのではないかと思ったほどです。

弱くも強くもなく、真綿で絞めつけるように包み込んでくるのですから、熟れた肉体の魅力に酔いしれるばかりでした。

「はあ、全部入っちゃいましたよ……わかります?」

「わかる、わかるわ……くはっ」

気分を無理にでも落ち着かせ、まずはゆったりしたピストンを繰り出しました。

それでも膣肉は早くも収縮し、気持ちいいのなんの。筋肉ばかりか、骨までとろけてしまうのではないかと思いました。

ぐっちゅ、ぐっちゅ、ずちゅ、じゅぷぷぷっ。

結合部から洩れる音も卑猥で、私の射精欲求も高みに向かってグングン押し上げられました。

いちおう、スタミナには自信があります。

ゆっくりと時間をかけて腰のスライドを繰り返し、徐々にピッチを上げると、梨花さんはむせび泣きの声をあげ、存在感のあるヒップを派手に揺すりました。

「いやぁ、イクっ、またイッちゃう！」

「いいですよ、イっても！　何度でもイッてください」

余裕綽々《しゃくしゃく》を装《よそお》いつつ、膣の奥をガンガンつつくと、熟女はあっけなく二度目のエクスタシーを迎え、金切り声で訴えました。

「いやぁぁ、イクっ、イックぅぅっ！」

「はあはあっ、ぼくも、これ以上は我慢できませんから」

嘘偽りのない言葉を告げてからあおむけにさせると、彼女の目は焦点を失い、快楽の世界にどっぷりひたっているように見えました。

私は再びペニスを膣の中に差し入れ、今度は正常位の体勢から腰を突き出していったんです。

「ン、ンぅ」

「はあっ、す、すげえや、チ〇ポに絡みついてきて、くうっ」

堪えに堪えてきた欲望を排出するべく、私はラストスパートをかけました。

目に滴る汗をものともせず、全神経を射精の瞬間に集中させたんです。

バツンバツンと恥骨同士がかち当たり、熟女の体が激しく揺さぶられました。

ピストンのたびに豊満な乳房がワンテンポ遅れて上下し、梨花さんは口を真一文字に結んで快感に耐え忍んでいるようでした。

「ああ、もうダメだ……イキます！」

私のほうも限界を迎え、射精寸前を訴えると、彼女は口を大きく開け放ちました。

「イクっ、イクっ、またイッちゃう」

「はあはあ、イキますよっ！」

「イクっ、イックぅぅっ」

膣からペニスを引き抜くと、鈴口から精液が跳ね上がり、腰の奥が甘美な鈍痛感に包まれました。

結局、そのあとは二回戦に突入し、溜まりに溜まったものはすべて吐き出し、心も体もすっきりして民宿に帰りました。

翌日、教習所で会ったときはとても恥ずかしかったのですが、最終日は優しい言葉をかけてくれ、いまだにいい思い出として残っています。

慰安旅行で既婚事務員たちと意気投合し二組のカップルが襖一枚越しでハメ狂って

吉田隆正　二十七歳・工場作業員

私は従業員二十人ちょっとの町工場で働いています。

金属加工の工場です。隣町にある同業の工場とは社長同士の仲がよく、共同で仕事をすることも多いので、毎年、暑気払いを兼ねて合同で慰安旅行に行くんです。温泉に一泊というパターンが多いんですが、総勢五十人ぐらいになります。

旅館の大広間で二人の社長が交替で挨拶をして、二時間ほどの宴会が始まります。このときは無礼講とは言いつつ、社長が私たち社員に酒を注いで回ったり、話題も会社や仕事のことが多いので、誰も羽目をはずすことはありません。

宴会が終わると各自自由行動になります。年配の人たちはそのまま大広間で飲み会を続けたり、温泉にゆっくりつかったりするようですが、私は仲よくしてもらってる一コ上の先輩、木村《きむら》さんと温泉街に繰り出しました。

「とりあえず居酒屋で飲み直しながら、長い夜の作戦会議でもしようか」

「そうですね……って、木村さん、エッチな店にでも行くつもりですか？」

「いや、まあ、温泉ていえばさ。お前だって行きたいだろ？」

「そりゃあ、木村さんがどうしてもって言うなら、つきあってもいいですけど」

「おいおい、俺のせいにするなよ」

木村さんと私は笑いながら、雰囲気のよさげな居酒屋の暖簾《のれん》をくぐりました。

すると、店に入った瞬間、私たちの名前が呼ばれたんです。

「あら、木村くんと吉田《よしだ》くんじゃない！」

驚いて声のしたほうを見ると、隣町の工場で事務員をしてる二人の女性がいたんです。二人ともニコニコしながら手招きしていました。

「偶然ねー、いっしょに飲もうよ」

「やっぱり女二人じゃ、さびしいもんねー」

二人とも四十代半ばの既婚女性で、隣町の工場にパートで勤務してるんです。

木村さんも私も、うちの工場では下っ端なので、仕事で隣町の工場に用事があるとお使いに行かされることも多いんです。ですから、事務室で受付してくれる彼女たちとは、もともと顔見知りで、冗談を言い合うぐらいに親しい間柄なんです。

「おおっと、これは……って、さっきまで同じ宴会場にいましたけど」

「それじゃあ、ごいっしょさせていただきまーす」

木村さんと私は、よろこんで二人のテーブルに同席させてもらいました。

工場にいるときはちょっと野暮ったい事務服を着てるので、あまり目立たないんですが、よく見ると、実は二人ともバストやヒップがむっちりしたエッチな体をしているということを、私はずいぶん前から気づいていました。しかもその日は、旅館の浴衣を着ていたので、いつもと雰囲気も違って、すごく色っぽかったんです。

「カンパーイ！」

女性陣は梅酒サワーを飲んでいました。木村さんと私はハイボールを頼んで、はからずも女二対男二での二次会が始まったんです。

「キミたちとこんなふうに飲むのって、初めてだよね」

ロングヘアでキツネ顔の文代《ふみよ》さんが、笑みを浮かべて言いました。

「もっと若い女のコのほうが、よかったんじゃない？」

ショートボブでタヌキ顔の美保《みほ》さんは、いやし系の笑顔でそう聞いてきました。

二人とも、口調まで事務室にいるときとは別人のようにフランクで、ますます距離が近づいたような気がしました。すると木村さんが芝居がかって答えたんです。

「イヤイヤ、俺、年上の女性のほうが好きなんですよ」

私も何か言わなければと思って、こう続けました。

「お二人とは、前からゆっくりお話ししたかったから、うれしいです」

美保さんと文代さんは、満面の笑みで口をそろえました。

「またまた～」

お酒のおかげもあって、四人の会話は盛り上がりました。飲むほどに酔うほどに、話題は会社や同僚から、それぞれのプライベートに踏み入っていきました。

「木村くんも吉田くんも、まだ独身だよね。彼女とかいるの？」

二十歳近い年の差があるので、美保さんも文代さんも、いまどきの若い男の恋愛事情に興味津々のようでした。われわれがいないと答えると、こんなことを言うんです。

「へー、二人とも彼女いないんだ。じゃあ困るでしょ、いろいろと……」

美保さんの思わせぶりな言葉に、私はドキドキしてしまいました。

「彼女はいないけど、エッチする女のコはいるとか？」

文代さんが色っぽい表情で、からかうように言いました。

「あー、そっか。最近のコは、友だち同士でもエッチしちゃうっていうもんね」

美保さんの言葉を聞いた木村さんが、反撃するように言いました。

「お二人はどうなんですか。旦那さんとは？」

いきなりツッコまれて、二人は目を丸くして顔を見合わせました。それからしばらく沈黙に包まれたんですが、文代さんが意を決したように発しました。

「うちはもう、男と女じゃないってゆうか、エッチなことは何もないの。私が二人目の子どもを妊娠したってわかったときから、完全にレスだもん」

美保さんも歩調を合わせるように言いました。

「うちだって同じようなものよ。もう、最後にいつしたか忘れちゃったわ」

目の前にいる女性は、二人ともすごく色っぽいのに、夫とセックスレス……そんなことを考えていたら、私の口が勝手に動いていました。

「ワイドショーとかで芸能人の不倫がめっちゃ騒がれますけど、実際、夫婦仲がよくなくて、不倫してる人妻って多いらしいですね。やっぱり、お二人も？」

「やっぱりって、失礼ね。不倫なんて、してないわよ」

文代さんが言いました。それから美保さんが恥ずかしそうに続けました。

「興味がないって言ったらウソになるけど、家庭があって、子どもがいたら、時間も出会いもないものよ。そんな相手、どうやって見つけろっていうの？」

「近場で見つけるっていっても、うちの工場は妻子持ちのオジサンばっかりだしね。

キミたちみたいな独身の若い男のコでもいれば、話は別だけど……」

文代さんの意味深な言葉に、今度は木村さんと私がチラッと目を合わせました。そして何を思ったのか、木村さんがこんなことを言ったんです。

「俺、ネット記事かなんかで読んだんですけど……あの、女性は四十代がいちばんエッチだって。お二人も四十代ですけど、どう思います？」

またしても美保さんと文代さんが、目を丸くして顔を見合わせました。恥ずかしそうに笑みを浮かべた二人の「やーね」「何を言い出すの」という小さな声が聞こえました。それから文代さんが木村さんを見つめて、こう言ったんです。

「……試してみる？」

木村さんの顔が、みるみる赤くなっていくのがわかりました。

ちょうどそのとき、女性の店員さんが「ラストオーダーのお時間ですが、何かご注文はございますでしょうか？」と席にやってきたんです。

すると文代さんが何事もなかったように言いました。

「あら、もうそんな時間。じゃあ、お勘定してください」

店を出ると、四人とも無言のまま、深夜の温泉街をそぞろ歩きました。

私の頭の中では、文代さんが色っぽい表情で口にした「……試してみる？」という言葉がグルグルと回っていました。旅館まではさほど遠くありませんでした。

玄関からロビーに入って、「おやすみなさい」と、木村さんと私がそれぞれの部屋に足を向けようとすると、背後から美保さんの声が聞こえました。

「ねえ、私たちの部屋で飲み直さない？」

美保さんと文代さんは二人部屋だったんです。

「いいんですか!?」

私と木村さんに、断る理由は何もありませんでした。

ドキドキしながら部屋に入ると、大きい座卓をはさんで、居酒屋のときと同じように、向こうに文代さんと木村さん、こっちに美保さんと私が並んで座りました。

「あ、みなさん、ビールでいいですか？」

いちばん年下の私が冷蔵庫からビールを持ってきて、グラスに注ぎました。

「吉田くん、居酒屋であんな話になったからって、変なこと考えてないでしょうね」

美保さんが横座りになって、ぴったりと身を寄せてきました。

「な、な、何の話ですか？」

実は、前から思ってたんですが、美保さんは私の好きなタイプの顔立ちなんです。あと、無機質な工場の事務所にいるには不似合いな「いいにおい」がするんです。その日は浴衣で至近距離にいるので、いつもと比べ物にならないほど甘くて狂おしいにおいがしました。女性のフェロモンなのでしょうか、ゾクゾクしました。

「人妻の不倫とか、四十代の女はエッチだとか、そういう話よ」

そう言って、さらに体を近づけてきました。あぐらをかいた私の太腿に、美保さんの腰回りが密着しました。温かくて、柔らかくて、たまりませんでした。

「あ……あぁ、そういえば、してましたね」

さらに美保さんは、私の耳に口を近づけてささやいてきたんです。

「吉田くんは、四十代の人妻とエッチしたことある？」

「いえ……あ、ありません」

「……してみたい？」

私がコクリとうなずくと、美保さんは、私の浴衣を割って右手を侵入させてきました。座卓が大きいので、反対側の下半身は見えないんです。内腿をじらすようになで回しながら、今度は耳を舐めるようにしてささやいてきました。

「私も四十代の人妻よ。どうするつもり？」

私はもう、それだけで恥ずかしいほど勃起していました。

「ど、どうするつもりって言われても……」

向こう側の文代さんと木村さんも、ヒソヒソと話をしながら、いまにもエッチなことを始めそうな雰囲気でした。すると文代さんがはっきりとこう言ったんです。

「ねえ、あっちに行こう」

襖の向こうが寝室で、すでに二組の布団が敷かれていました。

「フフッ、いっぱい試してね」

二人がもつれ合うようにして襖の向こうに消えると、美保さんがしなだれかかってきました。抱き止めると、唇が重なり、いきなり激しいキスが始まりました。

「ンググ、ブジュッ、ジュルル……」

美保さんの舌は、とろけそうに柔らかい感触でした。生き物のように動いて、私の口の中をかき回しました。歯と歯茎の間を這いずったり、私の舌に絡みついてしごいたり、私は自分からそんなに舌を使う女性を知りませんでした。唇と唇が少しでも離れると、その間から二人の唾液が糸を引いて滴り落ちました。

「ハッ、ハぅ、すごい興奮しちゃう」

キスをやめると、美保さんが私の浴衣をガバッと広げました。すぐさま女らしい手指が円を描くようにして、私の胸板をなで回してきました。

「あ、くうぅ……はあぁ」

グルグルと胸板をさすっていた十本の指先が、次々と乳首を弾きました。

「アッ、うくッ、くはッ……」

私は女性にそんなことをされるのも、初めてでした。全身がビクビクと痙攣してしまいました。勃起したペニスが痛いほど硬くなっていきました。

「敏感なのね、乳首。ピンピンにしちゃって」

頭が朦朧《もうろう》とするほど感じていると、隣の部屋から文代さんの声が聞こえました。

「ああん、木村くん、すごい……舐めて、いい、気持ちいい！」

すると美保さんが、私の耳元でささやきました。

「大きい声で、クンニされてるって、私たちに教えようとしてるみたいね」

そのまま立ち上がって襖に近づき、私に向かって手招きしました。フラフラと私が美保さんの前まで行くと、また襖の向こうから文代さんの声がしました。

「カチカチね、口の中がいっぱいよ」

美保さんが私の浴衣の帯をほどきながら、目をうるませて言いました。

「いやらしい。クンニじゃなくて、もうシックスナインしてるんだわ」

帯が畳の上に落ちて、私の浴衣の前がだらしなく広がりました。ボクサーパンツの前が、どうしようもなく大きくテントを張っていました。

「はあぅ……すごいことになってるね」

そうつぶやいた美保さんの手が、躊躇《ちょうちょ》なくボクサーパンツをめくってしまいました。ビンッとペニスがそそり立ちました。充血した亀頭が恥ずかしげもなくビンビンと弾んでいました。すかさず美保さんの両手がペニスに絡みつきました。

「吉田くんたら、こんなに大きくしちゃって……あぁ、硬い」

美保さんの右手の指が、男のオナニーのようにペニスの幹をしごき、左手が亀頭をいじくり回しました。十本の女らしい指が私の股間で動き回っていました。

「くうっ、はぁっ、美保さん……」

すると美保さんが自分の浴衣の帯もほどいてしまったんです。前がパラッと広がりノーブラの巨乳が露《あらわ》になりました。メロンを二つ並べたほどの大きさでした。その頂点に濃いピンクの乳首がピンとこり固まっていました。

「さわっていいわよ」

私は興奮で鼻の奥がツンと痛くなりました。震える指先を美保さんの乳房に伸ばすと、垂涎《すいぜん》の柔らかさでした。グニュッ、グニュッともみ込んでしまいました。

「あっ、あん、男の人に胸をもまれるんて、すごい久しぶりよ」

そう言うと、いつもいやし系の笑顔で私を和ませてくれる美保さんが、別人のように淫蕩《いんとう》な笑みを浮かべて、再びペニスを愛撫してきました。いえ、それどころか、うつむいてポッと唇を開くと、亀頭めがけて唾液をダラダラと滴らせたんです。

自分の唾液を両手で受け止め、私のペニスにまぶしつけ、先っぽから根元までヌルヌルにすると、キリモミのような手つきでしごきはじめました。

「ねえ、吉田くん、こんなに大きくして、どうするつもり?」

そう言いながら美保さんは、私の右手をショーツの中に導いていきました。美保さんのショーツはシンプルなデザインですが、下腹部にレースの飾りがついていました。もぐり込んだ私の手の圧力で布地が張りつめ、レースの柄が変形しました。

「ああ、美保さん……すごく濡れてます」

ぬかるんだヴァギナに誘われるように、私の指が小陰唇や膣口をいじりました。

「うん、そこ、気持ちいい。いっぱいさわって」

むっちりと大きい美保さんのヒップが、私の指を求めるようにゆれ動きました。

「アッ、あぅ……さわりっこしよう。いっしょに気持ちよくなろう」

美保さんがつぶらな瞳に淫蕩な色をにじませて、大量に滴り落とした唾液をペニスに塗りたくってきました。ネチョネチョのペニスを左右の手で交互に握り、互い違いに腕を手繰り寄せて、まるでペニスを引き抜こうとでもするようでした。

「美保さん、すごい！」

私も負けてはいられないと思い、収縮する膣口に指を入れてしまいました。

「いッ、いきなり指を入れたら……感じちゃうぅ」

美保さんと私は襖の前に立ったまま、お互いの陰部をいじり合ったんです。美保さんも向こうの文代さんと木村さんに聞こえるように、言葉を発しているようでした。

「ねえっ、クリも、クリもいっしょにいじって」

そう叫ぶと、私の左手をつかんで、自らのショーツの中に押し込みました。手首まで私の両方の手が入れられたショーツは、はち切れそうにふくらみました。

「あぁぁぁーっ、奥まで入れてッ、クリも激しくさわって！」

いやし系の笑顔が似合うパート事務員の人妻、美保さんが、ガニ股になっていやらしく腰を振り動かしていました。

「やっぱり、男の人にさわられたほうが、オナニーより興奮するぅ」

私は一所懸命にクリトリスとヴァギナを責めながら、鼻息を荒くして、濃厚さを増した美保さんの甘いフェロモンを、胸いっぱいに吸い込みました。

「あッ、あんッ、いい、気持ちいいっ！」

ヴァギナをかき回すように指を動かすと、グチュグチュと淫らな音が部屋中に響きました。襖の向こうにもはっきりと聞こえていたはずです。

「ヤッ、イヤ、そんな、いやらしい……」

自らの股間から響く淫蕩な音にショートボブを振り乱しながら、美保さんの指の動きも激しさを増しました。両手で握って強烈にペニスをしごいてきたんです。

「くっ、そんなに……う、ううッ」

快感に身悶《みもだ》えながら、私は中指と薬指を下から続けざまに突き上げました。

「あうっ！　す、すごい……あッ、あッ、あうッ」

「美保さん、こんなに濡れてるのに、肉が指に貼りついてきます」

「あぁ、そんな、いやらしいこと……もっと言って」

私は夢中で類稀《たぐいまれ》なる名器をかき混ぜました。右手の二本の指を突き上げながら、左手の中指、人差し指、薬指でクリトリスをこね回したんです。美保さんの豊満なヒップが前後に淫らに振られて、半開きの口から狂おしい息が洩れつづけました。

「ど、どうしよう。ねえ、吉田くん、私……」

お互いの陰部を愛撫するために交差した腕が、こすれ合うたびに汗でヌルヌルとすべりました。美保さんの下半身がブルブルと震え、頭が私の胸に埋まってきました。

「……もう、イッちゃうよ」

胸がしびれるようなつぶやきでした。私はそのまま美保さんをイカセなければと、スナップを利かせて二本の指をピストンさせました。腕がつりそうなほどクリトリスを愛撫しました。すると美保さんの体が、ガクガクと痙攣しはじめたんです。

「あっ、あうっ、ああっ……イク、イクよ」

自らの膣内を突き上げる私の指に合わせて、ペニスをしごき上げてきました。

「す、すごい……いッ、あああッ！　イックゥッー」

私の胸に埋まっていた美保さんの顔がそり返り、サラサラのショートボブが波打ちました。全身がビクン、ビクンと何度も弾んで、硬直と弛緩《しかん》を繰り返したんです。

「ハッ、ハッ、私ったら、吉田くんに指でイカされちゃったのね」

しばらく荒い息を繰り返していた美保さんが、私の前にスッとしゃがみ込んでいき、ボクサーパンツも脱がされてしまいました。

「どうして、こんなに我慢汁が溢れてるの？」

そう言って頬擦りするほどペニスに顔を近づけると、指で根元を包み込みました。大切なものをめでるように、亀頭、カリ首、裏筋をなで回してきました。両手の指でペニスの幹を支えるように握って、前後左右から見つめていました。

「入れたいの？」

私がコクコクとうなずくと、うれしそうに笑みを浮かべました。

「なんか考えただけで、ドキドキしちゃう」

そう言って美保さんは、つぶらな瞳を下から私の顔に向け、しっとりと濡れた肉づきのいい唇をポッと開いて、ピンクの舌先をのぞかせたんです。そのままペニスの先っぽに近づけると、チロチロと舐めつけてきました。

「あぁっ、うッ、あうぅっ」

膝が笑うとか、腰が砕けるとか、私はそんな感覚を実感しました。

立っているのもやっとだというのに、美保さんの舌はさらにとがって、尿道口をほじるようにグリグリとえぐってきました。ゾゾゾッと寒気にも似た快感が背筋を駆け上がって、体じゅうを小さな虫が這いずり回っているようでした。

「うぐ、むぅっ……あぁあぁっ！」

うるんだ瞳を私の顔に向けたまま、美保さんのみずみずしい唇が、膨張しきった亀頭をぱっくりと咥え込んでしまったんです。口の中には体温以上に熱い唾液がたっぷりと溜まっていて、亀頭が溺れてしまいそうでした。しかも美保さんは、最初から激しく頭を振りつけ、ジュブッ、ジュブッとペニスを口の中に出し入れさせたんです。

「あッ、くッ、そんな……美保さん」

ふくよかな頰が大きく窪むほど亀頭に吸いついて、カリ首を唇で絞るようにしごいてきました。首を振りつけるたびに、口角から唾液が滴り落ちていました。

「ジュルッ、ジュルッ、ジュブッ、ジュルル……」

そのときでした。襖の向こうから絶叫にも近い喘ぎ声が聞こえてきたんです。

「あぁっ！　もっと、もっと、いっぱい入れてッ」

隣の寝室にいる文代さんと木村さんは、すでに挿入しているようでした。

「文代さん、そんなに腰を振ったら、チ◯ポがもみくちゃです」

文代さんが騎乗位で上になって、激しく腰を使っているのでしょう。

「ねえ、吉田くんは、どんな体位が好きなの？」

美保さんがフェラチオをやめて、そう言いながら立ち上がってきました。そのまま私に背を向けると、浴衣を肩から落とし、ショーツも脱ぎ捨てたんです。

「私は、立ったまま後ろから……が好き」

そう言って襖に両手を着くと、お尻を突き出してきました。むっちりと魅惑的なヒップが、狂おしく私を誘っていました。艶々《つやつや》のきめ細かい肌が、ほんのりとピンクに染まっていました。丸見えのヴァギナは、私の指入れで小陰唇が左右に貼りつき、粘膜の割れ目がパックリと開き、陰毛まで愛液にまみれていました。

「激しく奥まで出し入れされるのが好きなの！」

私が、立ちバックで身構える全裸の美保さんの背後ににじり寄ると、太腿の間からサッと女らしい指が伸びてきて、絡めるようにペニスを握りました。

「あぁ、私、とうとう吉田くんに、入れられちゃうのね」

そう言って亀頭を熱くぬかるんだヴァギナに押し当て、行き場を探るようにこね回しました。膣口にヌポッとハマると、色っぽい声が訴えるように言ったんです。

「ん、んん、このまま、腰を突き出して」

「は、はい！」

私は元気よく子どものように返事をして、尻の筋肉を締めてペニスを押し出しました。ヌメリッとカリ首のいちばん太い部分が、膣の入り口に埋まりました。

「あぁっ、来た……もっと、もっと奥まで！」

ヌメヌメと亀頭を進ませると、動き回るミミズのような感触がまとわりついてきました。引き抜き、突き入れ、出し入れを繰り返すと、その数も動きも増幅しているようでした。ペニスの根元まで這い回って、幾重もの快感が押し寄せてきたんです。

「くうっ、美保さんの中、何かが動いて、すごいんです」

「あぁぁっ、吉田くんのチ〇ポ、硬くてきつい！」

「くうっ、気持ちよくて、腰が止まりません」

男の衝動が私の全身を駆け巡り、ペニスでヴァギナを突き刺すように、腰が勝手に動いていました。わき上がる激しい感情のままに、連続して突き入れました。

グチャッ、ズリュッ、ブチュッ……。

振幅の大きいストロークで出し入れしながら、立ちバックの体勢で身悶える美保さんにおおいかぶさって、腋の下から両手を差し入れ巨乳をもみしだきました。

「あんっ……そ、そんな激しく、いいっ」

手のひらをいっぱいに広げて、メロンのような乳房をグイグイともむと、指の第二関節までが呑み込まれました。マシュマロのような柔らかさの奥に、弾力に満ちたもみ心地があって、夢中で味わいながらペニスを出し入れしたんです。

「あ、あ、ああっ……感じる、興奮しちゃう！」

美保さんはショートボブの髪を振り乱し、ヒップを張りつめて、挿入を受け止めていました。私はウエストのくびれを両手でつかみ、強く大きく腰を振りつづけました。

「いいっ、激しいの大好きっ。いっぱい、いっぱい突いて！」

全身から汗が噴き出しました。つかんだ美保さんのウエストもヌルヌルになっていきました。それでも私は歯を食いしばるようにして美保さんを貫きつづけました。

「すごい、あッ、あッ、吉田くん……私、またイッちゃいそう」

やがて私の腰回りに射精の予兆が渦巻いて、睾丸がキューッと上がってきました。強烈な放出欲求に脳みそがしびれて、もう我慢などできそうにありませんでした。

「み、美保さん、このまま出していいですか？」

「うん、いいよ、出して。熱いのを奥に、いっぱい出して！」

私の下腹部が美保さんのお尻にぶつかり、湿った破裂音が響き渡りました。ラストスパートの激しい息づかいと淫らな喘ぎ声が、旅館の部屋で交錯《こうさく》しました。

「ぐうぅッ、出る！」

「イクイク、あぅ……イクッ、ああうッ！」

大量の精液が打ち込まれ、美保さんの豊満なヒップが何度も弾みました。

それを機に文代さんと木村さん、美保さんと私はつきあうようになりました。すごくやさしいのに、セックスのときは豹変してどんなエッチなことでもしてくれます。

熟女の魅力を知ってしまったいまとなっては、もう若い女性とはつきあえません。

幼馴染のお姉さんと二十年ぶりに再会 林の中でバックから激しく刺し貫いて……

寺島雅紀　会社員・三十歳

もう二十年以上も会っていないはずなのに、一目見たときにすぐに愛美《あいみ》さんだとわかりました。子どものころからちょっと小悪魔的で愛くるしい感じだったのですが、いまもその面影が残っていたからです。

これは数年前、夏休みで帰省したときの話です。

仕事が忙しくて、前年の夏も正月にも帰れなかったぼくにとって、それはかなり久しぶりの帰省でした。地元にはその地方ではちょっと有名な夏祭りがあり、規模の大きな花火大会があるのですが、ぼくは久しぶりに花火を見ようと出かけたのです。

地元の友人の多くは東京や大阪に出ていってしまい、残っている友だちはほとんどいません。だからそのときは屋台の立ち並ぶ道を一人でブラブラしながら川沿いの花火大会の会場に向かったのです。そのあたりは子どものころに大勢で走り回っていた場所です。ただ歩くだけでもなつかしさが込み上げてきました。でも、まさか彼女に再会できるとは夢にも思っていませんでした。

やがて花火が上がりはじめ、大勢の見物客に交じって夜空を見上げていたときのことです。ふと、すぐ近くに立っている浴衣姿の女性に気がつきました。花火が上がるたびに、赤や黄色に染まる彼女の横顔を見て、すぐにわかりました。

「あ、愛美さんだ」

反射的に声をかけそうになりましたが、もしかしたらご主人や彼氏といっしょではないかと思い、しばらく様子をうかがいました。しかし、どうやら一人のようです。そこで安心して名前を呼びました。

「うそっ、まーくんなの!?　やだぁ、すっかり大人になっちゃってぇ」

その呼び方で呼ばれたのはもう何十年ぶりでしょうか。子ども時代のいろいろな情景が一気に浮かんできました。

「いまは東京なんでしょう？　帰省してるの？」

「そうです、久しぶりに帰ってきました。あれ、愛美さんは？」

「ふふ、私はねぇ」

そう言いかけて恥ずかしそうな顔をしました。

愛美さんはぼくよりも十二歳年上です。干支《えと》が同じなのでよく覚えています。すぐ近所に住んでいたのですが、とても世話好きの優しいお姉さんで、いつも近所の小さな子どもたちといっしょに遊んでいましたが、なかでもぼくは、特にかわいがられたと思います。ほんとうの姉弟のようにかまってくれたのですが、愛美さんは高校を卒業すると大学進学のために都会に行ってしまい、そこで結婚したと聞いていました。

あとで思い返して、もしかしたら愛美さんはぼくにとって初恋の人だったんじゃないかと感じることもありました。だから結婚の話を知って、ちょっとショックだったこともあります。

たぶん、もう二度と会うこともないと思っていたので、そんなところで再会したのはほんとうに驚きでした。

「じつは離婚してね、二カ月くらい前に実家に戻ってきたんだ」

「そうなんだ、へえ」

正直なところ、どう返事をすればいいかわからず、とまどってしまいました。

ただ、そんな愛美さんは相変わらず美しく、でもそれなりに苦労したのか、ちょっとやつれた感じがかえって色っぽくてドキドキしていました。浴衣姿がまたいっそう悩ましく、子どものころのイメージに比べてふっくらしたのか、胸元が大きくせり出して、乳房の谷間が見えています。ぼくは目のやり場に困りました。

友だちとはぐれてしまったという愛美さんとぼくは、それから二人連れ立って会場をぶらぶら歩きながら、子どものころの思い出話をしました。

ぼくが泣き虫で、よくほかの男の子にいじめられては泣いていたこと、そのたびに愛美さんが助けてくれた話になると、ぼくもさすがに恥ずかしくなりました。ぼくが小学校に上がる直前、高校卒業間際の愛美さんは、胸もお尻も大きくて、子ども心にドキドキしたのを覚えています。

「ねえ、あなた、私に見られながらオシッコしたよね」

「あ、そんなことあったね」

思い出しました。トイレのない近所の川べりで遊んでいるときトイレに行きたくなったぼくは、近くに愛美さんがいるのに、川に向かってオシッコしたことがありました。まだ五歳か六歳くらいだったと思いますが、愛美さんにち○ちんを見られたのが恥ずかしかったのを覚えています。

「よく覚えてるね」

「そりゃ覚えてるよ。男の子のオシッコシーンを見たのは、後にも先にも、あのときだけだもん」

そんなふうに言われて、なんだか胸がうずきました。

はぐれた友だちのことはもうどうでもよくなったのか、愛美さんはぼくと二人で思い出の神社や公園などをぶらつきました。都会と違って、いまも自然が豊かです。よくお菓子を買った店は、いまではさすがにコンビニになっていましたが、ほかはほとんどが昔のまま残っています。

となりの愛美さんは、いまやバツイチの魅力的な熟女ですが、でも昔のあの優しいお姉さんの姿が重なって、あのころのあこがれの感情というか、ほのかな恋心がよみがえってくるようでした。

すると、しばらくしてから、愛美さんが恥ずかしそうに言いました。

「ねえ、ちょっと待ってて」

「え？　なに？」

「さっき花火大会の仮設トイレ、すごい行列で行きそこなったの。だから我慢できなくて……すぐ終わるから、ここにいてね」

そう言うと愛美さんは、神社の裏の林の中に入っていきました。

離れたところで上がっている花火が、その後ろ姿を照らしています。ああ、愛美さん、これから林の中で野ションするんだなあ。そう思うと、なんだか妙にムラムラしてしまいました。そして、いけないと思いながらも、愛美さんの後ろをこっそりついていったのです。

愛美さんはそれには気づかず、だれもいない林の中に入ると、周りを見回してから、意を決したように浴衣のすそをまくり上げました。薄暗がりの中に真っ白なお尻が浮かび上がり、私は思わず息を呑みました。愛美さんは足場を確かめるようにしてからしゃがみました。そして、すぐに、シャーッという水音が聞こえてきたのです。

ほんとうなら、ぼくはそのまま待っているべきでした。

でもそのときぼくの頭に、子どものころぼくのオシッコを見ていた愛美さんの顔が浮かんできました。そうだ、あのとき見られたのだから、今度は自分が見てもいいはずだ。どんな理屈かわかりませんが、急にそう考えたのです。

そして欲望のままに愛美さんに近づいていきました。

しゃがみ込んだ愛美さんの白いお尻は、いかにも大人の女という感じでなまめかしく光っていました。じっと見ていると、

「やだ、見ないでよ、エッチ……」

ぼくに気づきながらも、途中でオシッコを止めることもできず、必死で膝を閉じるだけの愛美さんが、なんだか色っぽく見えました。

「愛美さん、ぼくが子どものとき、ぼくのオシッコ見たでしょう。だから、今度はぼくが見る番だよ、愛美さんのオシッコ」

「バカね。こんなおばさんのオシッコでいいわけ？　恥ずかしいじゃないの」

そんな愛美さんの口ぶりは、ちょっとマゾっぽく聞こえます。

見られて興奮してるのかな？　ぼくはそう思いました。

「……もう、エッチね」

そのうちオシッコの音が途切れました。終わったようです。ぼくは急いでズボンのファスナーをおろして、中のものを引っぱり出しました。

「ねえ、こんなになっちゃったよ」

「え？　バカ、こんなところで出しちゃって」

そう言いながらも、愛美さんはしゃがんだままで、じっとそれを見ています。

「子どものころ、あんなに小さかったまーくんのおち○ちん、いまはこんなに立派になったんだね」

「そうだよ、いまはいつもよりもっと大きくなってる。愛美さんのオシッコ見たから、ビンビンになってるよ」

「もう、おばさんのオシッコで興奮するなんて変態ね」

そんなことを言いながら、愛美さんは根元をつかみました。しびれるような快感が下半身に広がりました。さらに先端を口に入れて舌を動かしてきました。なんだかもう衝動を抑えられないという感じででした。

愛美さんは尿道を舌先で刺激しながら、

「あのとき、この穴からオシッコ出てたよね」

「そうだよ、そこからオシッコ出てるの見られたよね」

「いまはオシッコだけじゃなくて、白いのもいっぱい出すんでしょう？」

そんなエロいことを言いながら、尿道からカリのほうに舌を這わせ、そうしながら指先でタマをもんできます。

制服姿でぼくたちと遊んでくれた愛美さんが、いまはこんなにもいやらしい舌の動きでフェラするんだと思うと、ぼくもたまらない気分になり、欲望が抑えられなくなってきました。

「愛美さん、じょうずなんだね。すごく気持ちいいよ」

「そりゃそうよ。結婚してた女だもん、なんだってできるよ」

そう言いながらタマのほうにも舌を這わせ、微妙に動かしながら刺激してきます。

「子どものころは、ここ、まだ小さかったのに、いまはこんなに立派なんだね。男の白い液がいっぱい溜まってるんでしょう？　すごく重たい」

「いまは彼女もいないし、仕方ないよ」

「じゃあ、いつも自分でこすってぴゅっぴゅ飛ばしてるの？」

「そうだよ、男はみんなやってるよ」

「あのまーくんが一人エッチしてるなんて、なんか興奮するね」

「エロいこと言わないで、ぼくも興奮する。ねえ、今度は愛美さんを舐めさせて」

「舐めてくれるの？　こんなおばさんなのに」

「すごく舐めたい」

「でも、オシッコしたばかりで、まだふいてないよ」

「そのままでいいって」

　ぼくは愛美さんを立たせて木によりかからせました。そして、浴衣のすそを開いてそこに顔を埋めました。

「ああん、汚いよ。オシッコで濡れてるのに」

　確かにそこからはツンとオシッコのにおいがしていました。でもぼくは、かまわず舌を伸ばして陰毛から割れ目を舐めました。生暖かい液体を舌先に感じながら、ああ、これが愛美さんのオシッコなんだなと思いました。

「おいしいよ、愛美さん」

「やだやだ、言わないでよ。オシッコ舐められてるなんて信じられない」

「こんなことされるの初めて？」

「初めてに決まってるじゃない。しかも幼馴染の男の子にだなんて」

ぼくはクリトリスを探し出してそこを舐めました。愛美さんは「あん」と高い声をあげて体をふるわせました。オシッコしたばかりの尿道も舐めました。すごく敏感みたいです。ぼくはそこを重点的に舐めました。頭の中には、子どものころの愛美さんの姿がずっとちらついていました。

「もっと気持ちいいことしてあげるね」

ぼくはクリを舐めながら、穴に指を入れました。ニュルニュルという卑猥な感触で指はすぐに奥まで届きました。

「ああ、すごい！　こんなの久しぶりだよ」

クリを舌先で刺激しながら、指を動かして奥を突き上げると、愛美さんの太腿が次第に広がってガニ股になってきました。美熟女が木にもたれてガニ股でアソコを指刺激されている姿を、ときどき花火が照らします。なんかもう夢のような光景でした。

「ねえ、どうしよう、欲しくなってきちゃった」

そのうち愛美さんは恥ずかしそうにそう言いました。

「欲しくなったって、何が？」

「バカ、わかってるでしょ？」

「わからない、言ってよ、何が欲しいの？」

「意地悪ね、だから、その……」

愛美さんは小さな声でその卑猥な言葉を口にしました。

いつも幼いぼくたちのお姉さんのような顔をしていた愛美さんが、いま、太腿をプルプルふるわせながらそんな言葉を言っていると思うと、ぼくももうすっかり興奮してしまいました。丸出しのアレがドクンドクン脈打ってるのが自分でわかります。

「ねえ、離婚してから、ずっとしてないの。いつも自分でさわってるだけだから、もう我慢できないよ。お願い、してよ」

いまは自分のほうが立場が上なのだと思うと、もう完全にマゾ女の声になって懇願する愛美さんを、ぼくはもっといじめたくなりました。

「だったら、ちゃんとお願いしなきゃ。何をしてほしいの？」

「いやん、ほんと意地悪だね。だからさ、アレを入れてよ」

「いいの？　こんな林の中でそんなことしていいわけ？」

「もう我慢できないから、早くして！」

「そんなんじゃダメ」

愛美さんは意を決したように後ろを向き、木にもたれかかってお尻を突き出しました。そして両手でお尻をつかんで左右に開くと懇願しました。

「お願いします、あなたのぶっとい、ア、アレを、愛美のいやらしいこの穴に入れてください。ス、スケベな愛美に、バックからハメてください」

途切れとぎれの声を出しながらお尻を揺らしておねだりする姿は、昔の愛美さんとは別人です。ぼくはすっかり興奮してしまい、いきりたったモノを握りしめて、アソコに押しつけました。

「ここに欲しいの？　ハメられたい？」

「そう、そこ！　ねえ、ズブッて一気に入れて」

「こんなふうに？」

そう言いながら、思いきり突っ込みました。熱いぬるぬるの肉の中に、それは一気に入っていきました。愛美さんは短い悲鳴をあげて木にしがみつきます。

「す、すごい、お、大きい！　こんなの初めて」

「愛美さんのが窮屈なんだよ、すごく狭いね」

「ほんと？　ゆるくない？」

「すごく締まるよ、たまんない」

「よかった。ねえ、動いてっ。ピストンしてください」

昔は完全にお姉さんタイプでみんなをリードしていた愛美さんは、どうやらマゾっ気があるようです。ときどき敬語になり、懇願するような口調で求めてきます。その思いがけないギャップに、ぼくはひどく興奮していました。

「どう？　本物でズンズン突かれて気持ちいいだろう」

「ああ、気持ちいいです。やっぱり本物がいいです。ずっとこうされたかったんです。いつもいつも自分でオナニーしながら、男の人の本物の熱いアレを想像してたんです。お願いです、もっと動いてください、私を壊してください」

「このスケベ女」

思わず白いお尻をパンと叩くと、愛美さんは「あん！」と声をあげて反応し、身をよじらせました。さらに叩くと、そのたびに反応します。

「ケツを叩かれて喜んでるの？」

「はい、うれしいです。お尻を叩かれると興奮しちゃう変態なんです。お願い、もっと叩いてください。スケベなお尻をお仕置きしてください」

「もっと言いなよ」

「お願いです、私のお尻を叩いてください。変態マゾ女のいやらしいお尻を懲《こ》らしめてください。私、とってもいけない女なんです。幼馴染の男の子に林の中でバック責めされて喜ぶ淫乱女なんです」

激しく突き上げながらお尻を叩いていると、そのうち、花火に照らされたお尻が赤くなっていることに気づきました。

「いつからそんな変態になったの？」

「あん、そんなこと聞くの？　中学のころから一人でするようになって、そのときから自分はマゾだって自覚してました」

「ぼくたちと遊んでるころから、もうオナニーしてたの？」

「し、してました。家でこっそりオナってました。鏡に自分のお尻を映して、自分でパンパン叩いてました」

ぼくたちの前ではお姉さんとしてリーダー的存在だった愛美さんが、じつは家ではそんなことしていたのだと聞かされて、ぼくのモノがグッと硬さを増すのがわかりました。十代の愛美さんを思い出すだけで、精液が溢れてきそうでした。

「じゃあ、結婚してからもそんなプレイしてたんじゃないの？」

「いいえ、それはないです。ほんとうはしてほしかったけど、夫はそういうプレイに全然興味なくて、いつもノーマルだったから、すごく物足りなかったんです。仕方ないから一人になると、そういうプレイのＡＶとか見ながらこっそりオナニーしてました。私、ずっと変態オナニーがやめられなかったんです」

「え、もしかして、それが離婚の原因？」

「それがいちばんじゃないけど、でも、それもあります。セックスが合わなかったんです。どんなに頼んでもお尻を叩いてくれなくて」

「だったら、いまもオナニーしてるの？」

「はい、いまだに私、オナニー中毒なんです。自分でお尻叩きながらいじくり回すのが好きな変態なんです」

もったいない話だと思いながら、ぼくはなおもお尻を叩きました。そのうち、そのままお互いにイキそうになってきました。

最後はお互いの顔を見ながら果てたいと思ったぼくは、愛美さんの背中を木に押しつけて立たせ、両足を抱え上げて前から突き上げました。

さっきまでとは違う場所に当たるのか、愛美さんは悲鳴をあげながらしがみついてきました。

「なんか、アソコの中がいっぱいになってる。お願いです、突いて、犯して、アソコの中にどろどろのオスの汁を流し込んでください」

愛美さんの口から、信じられないような言葉が次々と溢れてきました。それを聞きながら、ぼくは激しく下から突き上げました。

「すごくいい、こんなの初めて！　私、幼馴染に犯されてる。幼馴染に突き上げられて感じまくってる。ああ、だめ、許して」

切羽詰まった顔の愛美さんを花火が照らします。

子どものころのことが一気に頭に浮かび、それが最後の引き金になりました。あのときの年上のお姉さんを、いまこうして犯している。そう思うと一気に快感が込み上げてきて、精液がせり上がってくるようでした。

「愛美さん、このまま出すよ、いい？」

「いい。出して。まーくんのオスの汁で私をいっぱいにして」

そんなことを言われたら、もうたまりません。ぼくはそのまま思いきり射精しました。熱いどろどろが激しく突き刺さるように愛美さんのアソコの奥を直撃するのがわかりました。すごい快感に頭がボーっとしてしまったのを覚えています。

気がつくと、二人ともその場に座り込んで荒い息をついていました。恥ずかしくて、しばらくはお互いの顔を見ることができませんでした。でもそのうち二人手をつないで、何事もなかったかのように再び歩きだしたのです。

その晩、そのあとはもうあまり話しませんでした。でもきっと同じような気持ちだったのではないかと思います。一週間ほどの帰省の間、その後、何度か愛美さんを見かけましたが、なんとなく恥ずかしくて声をかけることはありませんでした。

でも、それでよかったと思います。花火の夜の思い出は、いまもぼくの中に大切にとってあります。じつは先日、母親からの電話で、愛美さんが地元で再婚したことを知りました。今度こそ幸せになってほしいと、心から祈っています。

第二章

盛夏の熱気に匂い立つ牝の淫臭

突然倒れた土産物屋の店員を介抱したら上品な京美人のオマ○コでもてなされて

倉科雄二　看護師・二十六歳

私の趣味は一人旅です。まとまった休みが出来たら、ふらりと電車に飛び乗って気ままな貧乏旅行をするのが大好きなんです。

そしてこれは、数年前の夏に京都に旅行したときの話です。たまたま休みが取れたので、よく考えもせずに京都に行ったのですが、その暑さはほんとうに厳しいものでした。噂には聞いていましたが、まさかこれほどとはと後悔したほどです。

京都は周りを山に囲まれた盆地なので、海から風が吹き込んでくることもなく、太陽の日差しで温められた空気の逃げ道もないので、まるでサウナの中にいるような感じなのです。

それでもせっかく来たのだからと観光地を見て回ったのですが、途中からはクーラーのあるスペースを探して歩くような感じでした。だけど、ふらりと入った小さな土産物屋さんはクーラーが効いてないんです。これは早々に出たほうがいいかなと思っていると、店番をしていた女性が声をかけてきました。

「すみませんねえ。クーラーが故障してしもて」

タオルでひたいの汗をぬぐいながらそう言う女性は、年齢は四十代半ばぐらいなのですが、上品なたたずまいが昔の映画女優みたいな感じなんです。こういう人を京美人というのでしょう。現金なもので、私は京都旅行に来てよかったと思い直したのでした。

「お客さんはどこから来はったんですか？」

彼女はほてった顔でそうたずねました。その様子はまるで性行為の直後のようで、なんだか淫靡な想像をしてしまうほど色っぽいんです。股間がムズムズしはじめてしまい、そのことをごまかすように私はあわてて答えました。

「千葉です」

「千葉って、東京のほうですよねえ」

「まあ、そうですね。でも、いっしょにしたら東京の人は怒りますけどね」

「そうやねんね。京都も同じ関西やからって大阪や奈良といっしょにされたらたまらへんから、それみたいなもんなんやろか」

京都弁ではんなりとしゃべる美熟女との会話は楽しくてたまりません。

「ちょっと見せてもらっていいですか？」

「どうぞどうぞ。遠慮のう、見てってください」

さっきまでは暑くてすぐにでも立ち去りたいと思っていた私でしたが、もう少し彼女といっしょにいたくてハンカチで汗をぬぐいながら土産物を物色しつづけました。

だけど、横で見ている彼女の様子がだんだんおかしくなってきたんです。なんだか彼女の体がゆらりゆらりと左右に揺れていて、どうしたのかな？　と思っていると、彼女は目を閉じて、そのまま膝から崩れるように倒れ込んだんです。

とっさに私は彼女を抱きかかえました。やわらかな乳房が腕にむにゅっと押しつけられ、一瞬、ドキッとしましたが、そんなことを気にしている場合ではありません。

「大丈夫ですか？」

「はい……すみませんねえ。なんや頭がクラクラしてしもて……。ちょっと暑すぎたからやと思います。でも大丈夫ですから、気にせんといてください」

そう言いながらも、彼女は起き上がることもできずに、私の腕の中でぐったりしているんです。これは熱中症に違いないと思った私は、彼女にたずねました。

「この奥に部屋があるんですよね？　そこのクーラーは使えますか？」

外から見た感じだと、おそらく土産物屋の店舗部分と住居は一体型の建物だったので私がそうたずねると、彼女は苦しそうな呼吸をしながら答えました。

「はい。故障してるんはお店のだけやから……」

「じゃあ、そちらに移動しましょう。いいですよね？」

私は彼女の返事を待たずにお姫様抱っこで抱き上げて、店の奥へと移動しました。

そこには板の間のスペースがあり、箱に入ったままの土産物などが置かれていて、その奥にガラスの引き戸がありました。

私は靴を脱いで勝手に上がらせてもらい、彼女を抱き上げたままガラスの引き戸を開けました。そしたらそこはもう普通の家の和室なんです。

「ごめんください！」

私は部屋の奥に声をかけました。すると彼女が申し訳なさそうに言うんです。

「今日は誰もおらへんのです。夫は囲碁サークルの合宿に行ってしもてて」

ということは、この京美人と二人っきり……。不純な考えがふと頭をよぎりましたが、すぐに私はそんなものを振り払い、彼女に言いました。

「とにかく冷房をつけましょう。ちょっとおろしますよ」

私は彼女を畳の上におろして、リモコンでエアコンの電源を入れました。

寝室がどこかもわかりませんし、あまり勝手に家の中をうろつき回るのも気が引けたので、私はその部屋にある座布団を並べて、そこに彼女を寝かせました。

そのころには、もうエアコンから冷たい風が吹き出していて、一気に部屋の中が涼しくなっていきました。それでも彼女はうんうんうなっていて、すごく具合が悪そうなんです。もっと体を冷やす必要があります。

いちおう、看護師として働いている私はそう判断して、とりあえず彼女に水を飲ませてから、タオルを水道水で濡らして彼女の横に膝をつきました。

「これで首筋や腋の下を冷やしてください」

私がそう声をかけても、彼女は具合悪そうにうなっているだけで、自分で濡れタオルを体に当てることもできないんです。これは緊急を要する状況なので、私がやるしかありません。

「ちょっと失礼しますね」

私は濡れタオルを彼女の首筋に押し当てました。だけど、いちばん冷やしたほうがいいのは腋の下です。苦しそうな彼女の顔を見ていると、私はこれ以上躊躇しているわけにはいかないといった気持ちになりました。

「ごめんなさい。ブラウスのボタンをはずしますよ」

彼女のブラウスの前を開かせると、白いブラジャーに詰め込まれた乳房のふくらみが目に飛び込んできました。すっごくやわらかそうで、股間がまたムズムズしてしまいました。

ダメだ。変なことを考えるな！　と自分に言い聞かせて、私は彼女の腋の下にタオルを押し当てました。右と左、交互に冷やしていると、徐々に彼女の顔色がよくなってきました。そして、彼女は気持ちよさそうな寝息を立てはじめたんです。

あとはこの涼しい部屋で少し眠れば回復することでしょう。私は名残惜しい思いを我慢して、彼女のブラウスのボタンをはめ直しました。

もうこのまま立ち去ろうかと思いましたが、ひょっとしてまた急に具合が悪くなるかもしれません。そのことが心配で、私はとりあえず彼女が目を覚ますまで、そこにいることにしました。

上品な女性は寝顔も上品です。ときどき「むにゃむにゃ」と何か不明瞭な寝言をつぶやくのもかわいくて、私は飽きることなく彼女の寝顔を見つめつづけました。

日が暮れかけたころ、ようやく目を覚ました彼女は、すぐ横に座っている私を見ると、驚いて体を起こしました。

「あれ？　あなたは……？　ああ、私……眠ってしもてたんやね」

すぐに思い出してくれたから助かりました。悲鳴でもあげられてたら、かなりショックですから。

「もう大丈夫そうですね。じゃあぼくはこれで」

そう言って立ち上がろうとすると、彼女が引き留めてくれました。

「お礼をさせてください。お腹へってるでしょ？　たいしたもんはでけへんけど、晩ご飯を食べてってください」

そう言われることを期待していた私は、「でも……」「うーん」「じゃあ、お言葉に甘えて」と言いわけのようなことをつぶやきながら、晩ご飯をご馳走になることにしました。

その食卓で初めて、私たちは自己紹介をし合いました。彼女の名前は沢木奈々《さわきなな》さん。もともと土産物屋をしていた旦那さんのところに嫁《とつ》いできて、もう二十年近くなるということでした。

奈々さんは料理もじょうずでした。テーブルに並べられたものはすべておいしくて、ついでに京都の地酒もご馳走になり、私はすっかりご機嫌になっていきました。

「ぼく、京都旅行に来てよかったです」

「そう言ってもらえてうれしいわぁ。そやけど、私のせいであんまり観光でけへんかったでしょ？　おわびに何か思い出をプレゼントしたいねんけど」

そう言う彼女は頬がほんのりと赤くなっていて、大きな瞳がうるんでいるんです。かなりお酒が回っている様子。そして、なんだか性的に興奮しているような……。

私の喉がゴクンと鳴ってしまいました。

「……どういうプレゼントですか？」

「こういうプレゼントなんやけど……」

そう言って彼女は私にキスをしました。でもそれは軽くふれ合う程度のキスです。

「もっと……もっとプレゼントが欲しいです」

「ええわよ。好きなだけしてあげる」

彼女はもう一度唇を重ね、今度は私の口の中に舌をねじ込んできました。その舌に私は自分の舌を絡めていきました。二人の唾液がぴちゃぴちゃと鳴り、彼女の鼻息が私の頬をくすぐりました。

キスだけじゃ物足りない……そう言葉にする前に、私は彼女の乳房に手を伸ばしました。拒否されたら困るからその前にという考えからでしたが、私の手がふれても、彼女はまったく抵抗しようとはしないんです。

だから私は服の上から彼女のオッパイをもみしだきつづけました。

「す……すごくやわらかいです」

「ああぁん、気持ちええわぁ。でも、直接さわってほしいわぁ」

もちろん私が拒否するわけがありません。

「じゃあ、脱がしますよ」

ブラウスを脱がし、抱き締めるようにして背中に腕を回してブラジャーのホックをはずしました。想像以上に大きな乳房が目の前でぷるるんと揺れるんです。

「ああ……きれいな胸だ……たまらないです」

私は思わずため息を洩らしてしまいました。肌がとにかく白くて、オッパイに青い静脈が透けて見えてるんです。乳首も淡いピンク色で、まるで少女のもののようです。

ほとんど無意識のうちに私はオッパイに食らいついていました。乳首を舐め回し、もう一方の乳房は手で乱暴にもみしだき、それを左右交互に繰り返しました。

「ああん、男の人って、やっぱりオッパイが好きやねんねえ。同じように女はオチ○チンが好きなんよ」

彼女はすっと体を離すと、私の胸をポンと軽く押しました。私がそのままあおむけに倒れ込むと、腰のベルトをはずしてズボンを引っぱりおろすんです。

「奈々さん……な……なにをするんですか？」

「なにって、思い出をプレゼントするんよ」

そう言うと奈々さんは、ボクサーブリーフも引っぱりおろしてしまいました。すでに勃起していたためにペニスの先端が引っかかり、勢いよく飛び出して、下腹に当たってパーンと大きな音がしてしまいました。

「まあ、えらい元気やね。若いってすばらしいわぁ。夫なんかもう五十過ぎやから、全然硬くならへんのよ。はあああん……」

そう言って唇をぺろりと舐め回すと、奈々さんはさっき私の唇にしたように亀頭にキスをしました。

「えっ……奈々さん……うう……」

驚いていると、さらに奈々さんは亀頭を口に含み、首を前後に動かしはじめました。そして、ジュパジュパといやらしい音をさせながら、おいしそうにペニスをしゃぶるんです。しかも、上目づかいに私の目を見つめながらです。

上品な奈々さんの顔と自分の醜悪な勃起ペニスとの組み合わせは、とんでもなく卑猥です。肉体に受ける快感と視覚的な興奮の相乗効果で、私はもう頭の中が真っ白になるぐらい興奮してしまいました。

「奈々さん……うう……ぼくにも……ぼくにも奈々さんのを舐めさせてください」

私はフェラのお返しにクンニをさせてほしいという意味で言ったのですが、奈々さんの返事は意外なものでした。

「ほな、舐め合いっこしましょ」

そう言うと、奈々さんはスカートとパンティを脱いで全裸になり、あおむけになっている私の顔を跨いだんです。目の前にオマ○コが迫ってきました。

奈々さんのオマ○コは陰毛がほとんど生えてなくて、色白の肌から想像していたとおり、小陰唇も淡いピンク色なんです。しかも奈々さんが私に舐めてほしくてお尻を突き出すと、小陰唇がひとりでに左右に開いていき、割れ目の奥まで丸見えになってしまうのでした。

ヒクヒクうごめく膣口のいやらしさに、私は感動してしまいました。

「ああ、なんてエロいんだろう。ぼく、京都旅行に来てよかったです」

そう言葉を洩らすと、奈々さんのお尻の穴がきゅーっと収縮しました。

「あっはああん……くすぐったいわ。倉科《くらしな》君の息がかかって、変な感じやわ」

「すごく敏感なんですね」

「そやかて、こういうことすんの、ほんまに久しぶりやねんもん。ああん、舐めて気持ちよくしてくれるんでしょ？　さあ、どっちが先に音をあげるか、競争やよ」

そう言うと奈々さんはもう一度、私のペニスを咥えました。

「あっ、いい……気持ちいい……」

上品な京美人のオマ〇コを間近に見ながらペニスをしゃぶられる快感は強烈すぎます。私はその快感の思いを、奈々さんのオマ〇コにぶつけました。下から腰に腕を回してきつく抱き締めるようにして、オマ〇コに顔を埋めるようにしてベロベロと舐め回したんです。

「あっはん……ぐぐぐ……」

くぐもったうめき声をあげながらも、奈々さんはペニスをしゃぶりつづけます。奈々さんが言うとおり、ペニスをしゃぶるのは久しぶりなのでしょう。ペニスがおいしくてたまらないといったしゃぶり方が、すごくエロいんです。

私としても、こんな美人のオマ〇コを舐める機会なんてそうそうありません。いっぱい舐めて、できればイカせてあげようと思ったのですが、この卑猥すぎる状況と強烈な快感に、すぐに射精の予感が込み上げてきました。

「ああっ、ダメです。奈々さん……。き……気持ちよすぎて、ぼく、もう……」

「ええのよ。はああぁん、お口に出してもええのよ。はあぐぐ……」

奈々さんはさらに激しくペニスをしゃぶりつづけます。

この京美人の口の中に射精する……という状況を頭に思い浮かべた瞬間、もうペニスは爆発寸前まで力をみなぎらせてしまいました。しかも、目の前には奈々さんのオマ〇コがあるんです。ヒクヒクうごめく膣口、勃起したクリトリス、愛液まみれの肉びら、ときおりきゅーっと収縮するお尻の穴……。

そんなものを見ながらの熱烈フェラなのですから、私のような若造が我慢できるはずはありません。いきなり体の奥から熱い衝動が突き上げてきました。

「あっ……ダメだ。もうイク！　ううう っ……」

ペニスがビクンと脈動し、奈々さんの口の中目がけて精液が迸りました。

「うっぐぐぐ……」

奈々さんが苦しげにうめき、目の前で膣口とアナルがきゅーっと収縮しました。それを見ながら、私はドピュン、ドピュンと射精を繰り返したのでした。

ようやく射精が収まると、奈々さんは私の上から下りて、床の上に座り込みました。そして私のほうを見ながら、喉を鳴らして精液をすべて飲み干してくれたんです。

「な……奈々さん……」

私は呆然《ぼうぜん》と淫乱な京美人を見つめました。

「ちょっと苦いけど、なかなかおいしかったわ。若さの味やね」

奈々さんはそう言って唇をぺろりと舐めました。その様子がすごくエッチで、たっぷり射精したはずなのに、私のペニスは射精前以上に力をみなぎらせるんです。

それを見て、奈々さんが驚いたように言いました。

「すごいわね。あんなに出したばかりやのに……。倉科君の性欲は底なしやね」

「違いますよ。奈々さんが魅力的だからです。いつもならこんなになりませんから。ああ、もう奈々さんのオマ○コに入れたいです。いいでしょ？」

「ええよ。私もこの元気なオチ○チンをオメコで味わいたいわ。さあ、来て」

奈々さんはあおむけになって股を大きく開いてくれました。すると膣口がまるで挑発するようにヒクヒクうごめくんです。私は迷わずそこに亀頭で狙いを定めました。

「入れますよ」

そう言って腰を押しつけると、大量に溢れ出た愛液の力を借りて、ペニスがぬるぬると膣に埋まっていきました。

「ああっ……入ってくるぅ……あああん、奥まで入ってくる……」

「ううっ……気持ちいい……」

奈々さんのすっかりとろけた膣肉がペニスをねっとりと締めつけてきました。

「あああん、動かしてぇ。奥のほうをいっぱいこすって気持ちよくしてぇ」

奈々さんのほてった顔がすぐ近くにあります。その色っぽい顔を見ながらペニスを抜き差しするのは、さっきのシックスナインとは真逆の興奮があるんです。

「奈々さんのオマ◯コ、あたたかくてぬるぬるしてて、最高に気持ちいいです」

「あああん、私も気持ちええわぁ……あああん、倉科君のオチ◯チン、硬くて大きくて、あああん、最高やわ。もっと……もっと動かしてぇ」

私は奈々さんのために激しくペニスを抜き差ししました。特に子宮口を突き上げてあげると、奈々さんは白い喉をさらして悲鳴のような声をあげるんです。

「あああっ……気持ちええ……あああ、もっと……もっとぉ……」

私はペニスを抜き差ししながら奈々さんの乳首を舐め、同時にクリトリスを指先でこね回しました。その三点責めは、欲求不満の熟女には強烈すぎる快感のようでした。すぐに奈々さんの呼吸が小刻みになっていくんです。

「あ、あかん……も……もうあかん。やめてやめて……あああああっ、イキそうやわ。あああ、あかん、あかん、あああん！」

そう叫んだ瞬間、奈々さんの膣がきゅーっと収縮し、ペニスをきつく締めつけました。その狭いオマ◯コの中をさらに数回ペニスを抜き差ししたら、私もまた限界に達してしまったんです。

「ああっ……奈々さん……ぼくも……ぼくも、もう……ああ……」

「ええよ。中に……中に出してぇ。あああん！　私もまたイク……あっはああん！」

奈々さんが立て続けにエクスタシーに達し、また膣壁がきつく収縮しました。その快感に若い私が耐えられるわけはなく、私は奈々さんの中に熱い精液を放ってしまったのでした。

「あああああ！　出る！　ううう！」


結局私は予約していたホテルにはチェックインせずに、奈々さんの家に泊めてもらい、クーラーの効いた部屋の中で朝まで何度もお互いの体を求め合ったのでした。

そして翌朝、記念に土産物のキーホルダーを買って店を出ました。奈々さんは「お金はいらない」と言いましたが、さすがにそこまで甘えるわけにはいきません。なにしろ、最高の一夜をプレゼントしてもらったのですから。

そのときのキーホルダーを見るたびに、私は京都のあのすばらしい夜のことを思い出してしまうんです。

避暑地の片隅に水着姿で佇む美熟女と知り合ったその日に一つになって……

佐藤真一　会社員・三十一歳

ひと回りも年上の女性になど、それまでまったく関心はありませんでした。しかし、結婚して子どもが出来てから、自分は年上好みだということを知る出来事があったのです。

従業員の保養目的で、ある避暑地にバンガローを借りることになり、私が立地調査に赴《おもむ》くことになりました。

セミがうるさい時期でした。緑が多く、高低差はあるものの澄んだ川があり、小ぶりながらなかなか風光明媚《ふうこうめいび》なところでした。

目的のバンガローは大型のログハウス仕様で、実際にはエアコンなども常備された過ごしやすい物件でした。会社が求める収容人数にも合致しており、不動産屋の話を聞きながら内心で契約を決めていました。

「では明日の十時にカギを受け取りに来ます」

不動産屋はそう言って帰りました。一泊してみて自分の体感で決めてこいと会社から言われていたので、大きなログハウスに優雅に泊まることができたのです。

荷物を置くと、私は周囲の散策をしました。楽しいひとときですが、保養に来る会社の連中の見所や諸注意を報告書にまとめないといけないので、義務感もありました。

「マムシ注意」などの立札もあったので、注意の怠《おこた》れない仕事でした。

ほかにもレンタルや家族の宿泊用など、大小の楽しそうなログハウスがいくつかあり、目を楽しませてくれました。

あるこじゃれたログハウスを見ながら歩いていると、中から女性が出てきました。目を逸《そ》らすには間に合わず、私はあいまいに会釈をしました。

「どこかの不動産屋さんですか？」

意に反して、女性のほうが話しかけてきました。

「いえ……なぜですか？」

若くはありませんでしたが美人だったので、私は助平心を出して話の接ぎ穂を探りました。

「こんなところでスーツだから」

三十代後半ぐらいなのに、茶目っ気のある笑い方をしました。

スレンダーで背が高く、白いノースリーブのワンピースと白いストローハットがよく似合っていました。首が長く、モデル体型だなと思ったのを覚えています。

女性に説明しました。調子に乗って会社の守秘義務に抵触するようなことも言ったと思います。

「こちらへは、ご家族で？」

一方的な説明を終えてから、私はおずおずと聞きました。旦那さんや子どもが近くにいるなら、こんな距離感で長々と話をするのはヘンです。

「いいえ、私一人です」

女性はちょっと顔を伏せて小声で言いました。

「え、このログハウスに一人ですか？」

女性が出てきたハウスを指差し、私はぶしつけに聞き直していました。

ファミリーユースの中型サイズです。一人では大きすぎるうえ、そもそも女性が一人で来るところとも思えないロケーションです。

「センチメンタルジャーニーです。こんな言葉、歳がバレちゃうわね」

そう言うと女性は笑みを浮かべたまま振り返り、ログハウスに戻っていきました。

なんだかはぐらかされ、取り残された気分でしたが、私は気持ちを切り替え、近隣のチェックの仕事を再開しました。

その後、借りているログハウスに戻り、来る途中にコンビニで買い込んだ食事を摂りました。

ログハウス内部の生活インフラのチェックをしてから、再び散策に出ました。川に行っていなかったのと、近くにコンビニなどがあるかどうかが食事中に気になったのです。

森に囲まれたような風情《ふぜい》の川は非常に澄んでおり、若干の高低差があるのに流れは強くありませんでした。

これなら泳げるな、と思ったものです。

岩場に、先ほどの女性が腰かけているのが見えました。

驚いたことに、赤とオレンジの花柄の極小ビキニでした。その上に薄そうなフリースを羽織っていました。

女性は私と目が合うと、さっとフリースで胸元を隠しました。

「私をつけてらっしゃったの?」

思いもよらない言葉に、私はあわてました。

「違います。この辺を調べてただけですよ。泳げるかな、とか」

女性はクスリと笑いました。

「すみません、冗談です。ここ、広いようで動けるところは限られてますから」

どこかで複数の男性の楽しそうな声が聞こえてきました。

女性はちょっとそちらを向いてから、私に向き直りました。

「あの、よろしければ、近くに来ていただけませんか?」

意味がわかりませんでしたが、私はホイホイと女性の近くに行きました。

「今日、この辺のお客さんが少なそうだからこんな格好をしてきたんだけど、どこかのログハウスで、大学生ぐらいの男の子が三人来てるみたいなんです」

私は合点《がてん》がいきました。

「それで、用心棒代わりに、と?」

「すみません、連れがいたほうが安心できますから……」

まあ信じてもらえて、悪い気はしませんでした。

スタイルのいい極小ビキニの女性のすぐ近くに行けるなど、普通の人生ではなかなかないでしょう。

女性は岩場にバスタオルを敷き、そこにお尻を乗せて三角座りをしていました。白いストローハットと白いフリース姿で、その下は扇情的ともいえる極小のビキニ、ジロジロ見るわけにもいかず、隣に腰かけても落ち着きませんでした。

「こんなところで水着を着た女が一人。気になってるんじゃないですか？」

女性のほうから聞いてくれたので、内心喜んだのを覚えています。

「そうですね。素性がわからないと、会社の報告書に書きようがない」

私は冗談めかして答えました。

「私、先月離婚したんです。息子二人は私が引き取ったんだけど、もう大学生と高校生だし、自分のことが楽しくて仕方がないみたい」

なまなましい話に言葉を失いましたが、同時に別のことに私は驚いていました。

「そんな大きな子どもさんがいたんですか。失礼を承知で言いますが、三十代中盤ぐらいかと……」

「あら、おじょうず。私は四十三歳ですよ」

女性はおかしそうにサラリと言いました。私よりもひと回り上で同じ干支であることに二度驚きました。

「子どもたちは彼女や友だちと楽しそうにしてるんですけど、母親の不安なんかわかってくれないんですよ」

女性は女親の誇りとジレンマを声ににじませ、問わず語りに話しました。

「うちは女の子二人です。年ごろになったらぼくも相手にしてくれなくなるでしょうね」

慰《なぐさ》めるように言うと、女性は正面を向いたままさびしそうに笑いました。

明るい話題ではありませんが、話の糸口がつかめると、合の手を入れる形で女性を向くのは不自然ではありません。チラチラと女性を見ていました。

胸は大きく、赤いブラジャーの水着は半分ほどしか包んでいませんでした。三角座りをしているのに、お腹はたるんだりせず白く引き締まっており、言われなければ絶対に四十過ぎだとは思えない体型でした。いわゆる逆サバを読んでいるのかと邪推したぐらいです。

男子大学生らしい集団は、どこか別のポイントを見つけたようで、次第に声が遠のいていきました。

「行ったようですね。ではそろそろ……」

妖しい毒気にあたりそうで、私は立ち上がろうとしました。

「あ、待って」

女性は私の手に、自分の手を重ねてきました。ほっそりとした冷たい手でした。

「女一人旅を気取ってても、やっぱりさびしいんです。いま、愚痴を聞いていただいて、すごくうれしかったの。よかったらもう少し、おつきあいいただけませんか？」

そう言われれば断る道理はありません。

「いいですよ。でもその格好でじっとしていたら、寒くありませんか？」

「そうね。ちょっと歩きましょうか」

派手な水着の美人と並んで歩き、私は気分よく役得を楽しみました。

「ちょっと、お茶にしませんか？　私のログハウスに来ません？」

自信なさそうに、その美人は申し出てくれました。

「じゃあちょっと、お邪魔しようかな」

一人住まいの女性宅でなく、借りているログハウスなので、旅の解放感も手伝い、さほどの倫理的抵抗感もなく、私はお邪魔することにしました。

「ここは、元主人と小さかった息子二人で楽しんだハウスなんです」

女性はしみじみと言いました。室内に入っても、白いフリースは着たままでした。さすがに裸同然の姿にはなれなかったのでしょう。

「そんなところに私なんかが入って、野暮じゃないですか？」

「ううん。思い出に押しつぶされそうなの。すがるような思いで来たのにね」

女性は手際よく、香り高い熱い紅茶と茶菓子を出してくれました。

「あの、お客さんを置いてすみませんが、着がえてきていいですか？　向かいに座られて、この格好は恥ずかしいわ」

さびしそうな笑みから、少し茶目っ気のある笑みに代わり、女性は言いました。

「わかりました。ごゆっくり」

ごゆっくりなど、呼ばれたほうのセリフではありません。私は苦笑いを浮かべ、女性が閉めた木目の扉の向こうに目をやりました。

あの向こうで、一度素っ裸になって着がえてるのかと思うと、股間が充血していきました。動きを想像しながら、私は熱い紅茶を口にしていました。

「デートに遅れてすみません」

女性はそんな言い方をして出てきました。元の白いワンピースでした。

共通の話題がないので、双方の家族や仕事の話をなんとか引っぱり出して、気まずい沈黙が訪れないよう腐心しました。

女性の胸元を見て目を疑いました。

白いワンピースに、乳首が浮いていたのです。ブラジャーをせず、ワンピースの下はシュミーズというのか、薄い肌着だけのようでした。

「思い出に押しつぶされそうなら、今夜は長くてさびしいかもですね」

私が言うと、女性は顎を引き、いたずらっぽい笑みを浮かべました。

「あら、なにかとんでもない提案でもなさるつもり？」

下心がなかったわけではありませんが、直球で言われ、私はあわてました。

「い、いいえ、他意はありません。そうだ、ご挨拶が遅れましたが、私、こういう者です」

持っていた小さなカバンから、私は名刺を取り出し、渡しました。

女性は名刺など持っていませんでしたが、綾部聖子《あやべせいこ》と名乗ってくれました。

「あとで私の会社のログにも来ませんか？　今夜泊まるのは私一人だけだし、ここがツラいなら、うちの一階と二階で別々に寝るというのも」

綾部さんはクスリと笑いました。

「佐藤《さとう》さん、まじめなのね。でもいいの。自分の中でけじめをつけるために、ここに一泊しに来たから」

綾部さんの形のいい口元を見つつ、私は了承の笑みを返しました。

「電話番号の交換はどうです？　夜、さびしくなったらお相手をしますよ」

私がなおも言うと、綾部さんは不意に「三回」と言いました。

「いいえ、四回ね。さっきから私の胸元を見てらしてるわ」

言葉を失ってしまいましたが、私は開き直りました。

「失礼もセクハラも承知で言いますが……おっぱいの先がくっきり浮き出てます。さっきの水着よりもエッチだ」

「あら、恥ずかしいわ。うふふ」

綾部さんはやんわりと手で胸をかばいましたが、それもすぐにおろしました。

「そろそろお暇《いとま》します。ごちそうさまでした」

ほんの少し、夜に希望を残して私は言いました。

駆け引きで引いたというより、強く押すのが苦手なだけのヘタレでした。

「ありがとうございました。気がまぎれましたわ」

綾部さんは私についてきて、ログハウスの玄関まで見送ってくれました。

玄関の扉を開ける直前、私と綾部さんとの距離が近すぎることに気づき、私は一か八かの賭けに出ました。

「綾部さん」

言いながら、私はゆっくり振り返り、綾部さんを抱き締めたのです。

セクハラではすみません。通報案件であり、立派な犯罪です。

「あら、何をなさるの……」

綾部さんは動揺し、非難の言葉を私の胸の中でつぶやきましたが、その声は弱々しく、まったく逃げようとはしませんでした。

「こんなことをするために、お呼びしたんじゃありませんわ」

綾部さんはなおも言いましたが、その声は私の胸で籠《こも》っていました。

「すみません。わかってはいるんですが……」

我ながら、女性に悪さを仕かける男とは思えないセリフでした。営業部にいたころの言いわけのような口調になっていました。

「綾部さん、何かのご縁です。どうしてもイヤなら、自分のログに戻ります。でもそうでなければ……顔を上げてください」

綾部さんは返事をせず、動くこともありませんでした。

私は膝を折り、ゆっくりと上半身を落としました。そして、うつむいたままの綾部さんの口に、自分の唇を重ねました。

やはり綾部さんは逃げませんでした。数秒間、あたたかな唇を重ねてから、私は口を開け、舌を少しこじ入れました。

驚いたことに、綾部さんも消極的ながら、舌を絡めてきてくれたのです。

いける、と思ったものです。結婚以来、風俗にも興味が向かなかった私は、妻以外の女性とこんなことをしたのは初めてでした。

「あああ、綾部さん、綾部さん！」

私は童貞喪失以来の興奮を覚えていました。それ以上かもしれません。童貞喪失は誰でも経験することですが、不倫は道義に反することだからです。後ろめたい気持ちも、気持ちの昂《たかぶ》りをあおる材料になっていました。

私はキスを解くと、ワンピースに浮き出た乳首のポッチをつまみました。

「ああ、さっき、これをつまんでみたかった」

「うふ、そんな目で見てらしたわね」

弱々しい声ながら、綾部さんは笑いらしいものを含んだ声で言いました。

私は我慢できなくなり、ワンピースの上から胸を乱暴にもみしだきました。お尻も激しくなで回しました。薄いワンピースはパンティの線をくっきり浮き上がらせており、さらに気持ちが昂りました。

「あん……落ち着いてください。逃げませんから」

私の行為への了承の言葉でしたが、どこか声にあきれが混じっており、私は恥ずかしさとともに、少し気持ちが落ち着きました。

抱擁《ほうよう》を解くと、綾部さんは私を見ずに、ゆっくりとログハウスの階段を上がり、私は黙ってついていきました。ワンピースに浮いたパンティのラインに、クロッチの扇形まで浮かんでいたのを覚えています。そのときの私は、鬼のような形相でにらんでいたと思います。

扉を開けると、木目の部屋にダブルベッドが置いてありました。

家族が仲がよかったころの、夫婦の寝室だったんだなと察しました。

ベッドの前に立った綾部さんは、私に振り返りました。しかし自分からは動こうとしませんでした。

私はまた抱きつき、背中にあったファスナーを下げました。

軽そうなワンピースはほとんど音を立てずに落ち、白いシュミーズと白いパンティだけになりました。両手を挙げてもらい、シュミーズも脱がせると、妻とは形もボリュームも違うおっぱいが現れました。

私は大急ぎで自分の服を脱ぎました。綾部さんは視線を斜め下に逸らし、言葉を発しませんでしたが、ときおり口元に笑みが浮かんでいました。私が大あわてする様子がやはりおかしかったのでしょう。

私は中途半端に綾部さんを抱き締めると、そのままベッドに倒れ込みました。

上から重なる格好で、私はしがみつきました。妻以外の女性の肌と体温を全身で感じ、股間は激しく勃起していました。

顔をぶつけるように唇を重ね、激しくむしゃぶりつきました。口いっぱいに唾液を満たし、舌を大きく出して綾部さんの頬も舐め回しました。主人の帰りを待ちわびた犬のようだったと思います。

白い乳房も、舌と顎が疲れるまで舐めまくりました。十分ではない照明の下でも、綾部さんのおっぱいは私の唾液で照り返っていました。

「ああん、佐藤さん、激しすぎるわ……！」

困り果てたような声でしたが、女性の悦びがにじんでいるのがわかりました
私はさらに顔を下げ、無理くりに綾部さんのふとももを開かせました。

「ちょっ……ああん、恥ずかしい」

このときだけ、余裕のない声だったのをなんとなく覚えています。

綾部さんの恥毛は思ったよりも薄く、大陰唇を取り巻くように生え乱れていました。

妻とは異なる眺めに、さらに興奮と背徳感を覚えたものでした。

「ああんっ、いやっ……あああっ」

私は唾液を満たした舌で、開いた陰唇を執拗《しつよう》に舐めほじりました。顔を押しつけているので、綾部さんのエッチなお汁で私の顔もベトベトになっていました。

「んんっ！　さとっ……佐藤さんっ」

綾部さんの声も同じように余裕がなく、離婚以来久しぶりなのかと察しました。そうして、両手で私の頭をつかんできました。そこはもういいというサインだとわかりました。

ゆるゆると体をずり上げ、おおいかぶさるようにしてもう一度唇を激しく重ねました。綾部さんも、妻ではありえない強い力で私を抱き返してきました。

「佐藤さん、入れて……」

女性にこんな声が出せるのかと思うほど低い声に驚いたものです。

鼻がふれ合うほどの近さのまま見つめ合い、私は片手でペニスの根元を握り、切っ先を綾部さんの性器に当てました。

「はうん……！」

綾部さんは顎を出し、口を半開きにして眉根を寄せました。

ヌルヌルとなめらかにペニスを侵入させていきました。いよいよ後戻りできない妻への裏切り行為をしているのを強く実感しました。同時に男性としての征服欲が満たされることに大きな喜びを感じていました。

綾部さんの性器は十分にうるおっていましたが、強い締めつけのために私は歯の根を食いしばっていました。

ほどなく、私のペニスは綾部さんの膣奥に埋没しました。

妻ではない女性、それも数時間前に知り合ったばかりの美女と完全に一つになり、私は過去に経験のない達成感に満たされていました。

「綾部さん、ぼくたち、セックスしてます……」

自分の行為を確認したくて、私はわざわざ口にしていました。まるで高校生のようだと内心で思ったものです。

見つめ合いながら、私はペニスの出し入れを始めました。

「ああ、あああ……いいわ、すてき。久しぶり……あああっ！」

綾部さんは顔を左右に振りながら、苦しそうに喜びを口にしていました。

熱く湿った綾部さんの両手が、私の背中を激しくまさぐっていました。

ときおり爪を立てるらしく、シャープな痛みが背中に走りました。

綾部さんはふとももを振り上げ、私にしがみついてきました。ピストン運動はそれに阻害されることはなく、むしろ密着感が高まりました。

「あっ……綾部さんっ、すみませんっ、出そうですっ」

情けないことに、すぐに射精欲求が起きてしまいました。

妻とのマンネリセックスでこんなことはなかったのに、特殊で非日常的な状況で、まるで童貞少年のように気持ちが昂っていたのです。また、射精直前に女性にわびを入れたのも地味に初めてでした。

「いいわっ、たくさん出してっ！　いっぱい、いっぱい、熱いの、来てっ！」

上下の揺れに声を割らせながら、綾部さんはそんなことを高い声で言いました。

「んあっ……出ますっ！」

綾部さんの両脚に強く体を絡めとられながら、私は渾身の力で射精しました。

「あああっ、熱いの、来てるわっ！　ああっ、あああああっ」

綾部さんは耳の奥が痛がゆくなるぐらい高くて大きな声を出しました。

そのあとも、私たちはまた、激しく唇を重ね合いました。

人生初の不倫行為に、私は仕事も忘れ、その晩は結局、浴室も含めて三度、綾部さんと重なり、射精しました。

その後、連絡を取り合うこともなく、何度か社員の福利厚生でそのログハウスに赴いたのですが、淡い期待はかなうことなく、綾部さんとはそれきりになっています。

旅先で妻と久しぶりに激しく求め合い初対面の年上夫婦とスワッピングまでして

谷山光信　会社員・三十三歳

小学生の一人息子が林間学校に行くことになり、そのすきに、夫婦水入らずで旅行に行ってきました。

妻とは、学生時代からのつきあいで同じ三十三歳です。ちょうど結婚十年目の記念でもあるので、若いころに行ったような貸別荘にしてみようということになりました。

実は最近、夜の営みがまったくなくなっていて、なんとなく冷えた空気がただよっていたのです。旅行を機に、夫婦関係を改善できたらいいなという思いもありました。

奮発して、高級別荘地のちょっといい部屋を予約しました。そのかいあって、到着するなり妻は大喜びしてくれました。

到着した日は車でのんびりドライブしてから、そのあたりで有名だというレストランに行くことになりました。

「あなた、見て、この間買ったワンピースよ。どうかしら」

きれいに化粧をして、ふだんはあまり着ないようなノースリーブのワンピースを着た妻に、一瞬見とれてしまいました。

「よく似合っているね、惚《ほ》れ直したよ」

女は化けると言うけれど、ほんとうに、環境次第で雰囲気をがらりと変えることに、内心驚いていました。

しゃれたレストランに子ども連れは少なく、ほとんどがカップルでした。

静かに流れる音楽を聴きながら二人で向き合っていると、交際時代を思い出して、新鮮な気持ちになりました。

「昔は、こんなレストランには来られなかったね。買い出ししていっしょに作ったな」

なつかしんで言うと、妻も頭の中にいろいろな思い出がめぐったようでした。

「あれはあれで楽しかったわ。そうだ、明日は買い物に行って、何か作りましょう」

きれいな景色とおいしい食事は人を素直にさせるものだと思いました。妻とこれほど会話を弾ませたのも久しぶりのことでした。

そのときふと、妻が何かに視線を移し、じっと追いかけはじめました。その視線の先を見ると、年配のカップルが、仲睦まじく手を繋いで店を出ていくところでした。

二人とも上品な身なりで、互いに微笑み合いながら何か語り合っていました。

「きっと夫婦よね。あの年で手を繋ぐなんて素敵。私たちもあんなふうになりたいわ」

最近ギスギスしていた妻のささやかな願望を聞いて、愛おしくなりました。

その後、別荘に戻るとすぐに妻を抱き締めていました。

「どうしたの、急に？　お風呂も入っていないのに、あなた、ちょっと待って」

ソファの上に押し倒し、服の上から体じゅうをまさぐってスカートの中に頭を突っ込みました。

ふだんと場所が違うだけでも、ひどく興奮するものです。

太腿をなでさすりながら下着をずらして、クリトリスを舌で責めつづけました。

間もなく妻は、腰をゆっくり動かしながらかわいい声を洩らしはじめました。

「やだ、あなたったら。あん、ウウ～ン、ン、ンン！　あっはん」

妻が本気のときに出す声でした。アソコからは、とろりとした蜜が溢れてきました。

およそ二年ぶりの交わりでした。

妻からせがまれて最後にしたときは、ひどく疲れていて、ろくに愛撫もせずに挿入して射精してしまったのです。

そのおざなりなセックスをして以来、妻は求めてこなくなっていました。

服を脱がせてみると、少し見ない間にだいぶ贅肉が乗って、丸みを帯びた体つきになっていました。

妻は昔からスタイルが抜群で、若いころはよく鼻高々に連れ歩いていたものです。背が高く、細いわりに出るところはしっかり出ているモデルのような体型でした。

昔と比べると、見た目では劣るかもしれませんが、年齢相応に柔らかみが出て、抱き心地は格段によくなっていました。

「アアン、あなた……入れて」

妻が欲しがる声を久しぶりに聞いて、ゾクッとしました。

「ずいぶん濡れているな。俺も今日はビンビンだよ。ほら、どうだい?」

その晩妻はひどく乱れて、何度も何度も昇りつめていました。私も、この旅の効果は絶大だと満足しきって眠ったのです。

翌朝、目が覚めると妻は先に起きていて、鼻歌を歌いながら上機嫌でコーヒーを淹《い》れてくれました。

「あなた、このテラスからの眺めは最高よ。こっちに来て、いっしょに飲みましょう」

その別荘は、リビングから庭に繋がるテラスがあって、テーブルセットが置かれていました。

真夏でも朝は涼しいくらいで、爽やかな風を浴び、鳥のさえずりを聞きながら飲むコーヒーは最高でした。

するとと妻が、「ムフフ」と笑って、いきなり私の前にしゃがみ込みました。

「おいおい、どうした？　何をする気だい？」

妻はおもむろにズボンのファスナーをおろしはじめたのです。

「昔、別荘の庭でやったの、覚えてない？　人が来たらたいへんて言いながら、木陰で」

まだ寝ぼけていたペニスを引っぱり出され、パクッとしゃぶられてしまいました。

もともとしゃぶるのが大好きな女で、そうしているだけでアソコを濡らすようなスケベな一面も持ち合わせているのです。そのスケベさは、子どもが出来てからすっかり鳴りをひそめていました。

周囲を見回しましたが、森に囲まれているし、山の斜面に点在するほかの別荘とはだいぶ距離があるので、人目を気にする必要はなさそうでした。

ただ、それでもスリルはありました。屋外でするという興奮は、日常ではなかなか味わえないものです。

しばらくしゃぶりつかれてペニスが元気になると、妻は立ち上がり、私に背を向けました。テラスの手すりにつかまりながら尻を突き出して見せたのです。すぐさま背後に寄っていき、スカートをまくり上げて尻をなで回しました。

ショーツの中がびしょ濡れだったので、ペニスを一気に根元まで挿入しました。

「思い出した。そういえばきみは立ちバックも大好きだったね。ああ、よく締まる」

突き出された尻が、ピンク色に染まっていくのを眺めながら、射精しました。

その日は日中、湖に行ったり買い物に行ったりして過ごしました。

歩きながら、照れくささを振り切って手を繫いでみると、妻は若いころと同じように頰を赤らめ、肩にもたれてきました。

買い込んだ食材をテーブルに並べているとき、玄関のチャイムが鳴りました。

貸別荘に訪ねてくるなんて、何かのまちがいじゃないか？　といぶかしんで出てみると、五十代くらいの年配の男女が立っていました。

見覚えのあるその顔を、すぐに思い出しました。

前日の夜、レストランで見かけた微笑ましいカップルでした。

二人はご夫婦で、隣の別荘の所有者であることがわかりました。長期滞在していて、私たちの車が停まっているのを見つけたので挨拶に来てくれたのです。

隣と言っても車で少し山を登ったあたりでした。

「よい場所なんですが、長くいると人恋しくなるもので。よかったらこれどうぞ」

そう言って、高級そうなワインと、ご主人が川で釣ったという魚を手渡されました。

あこがれのカップルの思いがけない登場に喜んだのは妻でした。

「まぁ、偶然！　昨夜お見かけしたんですよ。あの、よかったら夕食をいっしょにいかがですか？」

私に相談もせず、妻は笑顔で二人を誘っていました。

「ねえ、あなた、いいわよね？　そうだわ、テラスでバーベキューなんてどうかしら」

内心、せっかくの夜に見知らぬ人を誘った妻にいらだちを覚えていました。今夜はどんなセックスを堪能しようか、なんて考えていたからです。

それでも雰囲気を壊したくない一心で、作り笑いを浮かべていました。

それに、仲のよい二人に触発されたからこそ、私たち夫婦も昔のように過ごせたのかもしれないと、少しばかりの恩義を感じて邪険にできなかったのです。

ご夫婦は、妻の誘いを喜んで受け入れました。

互いに自己紹介をしてから和やかなムードで乾杯しました。明《あきら》さんと恵子《けいこ》さんはともに五十四歳で、結婚三十年目だと話してくれました。

ご主人は会社を経営されているそうで、どおりで身なりも上品だし、物腰も柔らかく余裕を感じるはずだと納得しました。

社交的な明さんが、うちの妻と会話を弾ませている横で、恵子さんはおとなしく、ニコニコしながらうなずいていました。控えめで、夫に従順な妻という印象でした。

旅は道連れ……とも言いますが、最初は少し不機嫌だった私も、おいしいワインに酔ううちに、楽しい気分になってきました。

ただ一つ気になったのは、明さんの視線が妻の胸や脚などに、チラチラと注がれていたことでした。妻は不意の来訪に着がえる間もなく、ノーブラのタンクトップ姿だったのです。

買いかぶりすぎかもしれませんが、その二日間で妻の魅力を再認識していたし、激しいセックスのあとの肌艶のよさといったら、魔法でもかけたように磨きがかかっていました。

おまけに五十代の奥様と並んでみれば、よりいっそう輝いて見えてしまうものです。

酔いはじめた妻は、無防備な前屈みの姿勢で、明さんにお酌をしていました。

「いやぁ、こんな山奥で、こんな美人にお酌されるなんて、夢にも思わなかったよ」

ご主人も上機嫌で、妻の注いだ酒を飲み干していました。

「ま、おじょうず。私たちこそ、こんな素敵なご夫婦に出会えてラッキーでした。結婚されて三十年たっても、そんなに仲がよい秘訣はなんですか？」

妻に質問された明さんは、言葉を選ぶように、奥さんと目配せしながら答えました。

「それは……いつでも、どんなことでも楽しむことです、もちろんいっしょにね」

妻は、まるで熱心な信者みたいに、明さんの言葉に聞き入っていました。

相手がセレブであることを知り、さらにあこがれが強くなったのかもしれません。

「ぼくは趣味が多いんです。釣りにカメラに、最近はバードウォッチングもね」

妻は、「まあ、素敵な趣味ばかり」なんておだてていましたが、二週間もこの山奥にいるならば、それくらいの趣味がないとすぐに飽きてしまうだろうと思いました。

「実は、今朝も珍しい鳥がいたんで、双眼鏡で追っていたんです。そのとき……」

言い淀んでから一瞬私の顔を見て、続けました。

「その……お二人がこのテラスで仲よくしているのを偶然、見てしまいまして」

一気に酔いが醒めてしまいそうになり、妻と顔を見合わせていると、明さんは豪快に言い放ちました。

「いやぁ、心底うらやましくてね。そのあとさっそく家内と試してみたんですよ」

セックスを見られた恥ずかしさもありましたが、それ以上に、なんでも持っていそうなその夫婦が、自分たちをうらやんでいることに驚いていました。

「でも、まるでダメでした。双眼鏡をのぞいたときは、あんなに硬くなったのに」

明さんはここ数年、めっきり勃起力が衰えたのが悩みなのだと告白しつつ、とんでもない提案をしてきたのです。

「あ、そうだ！　……傍で、いっしょにやってもらえれば、うまくいくかもしれない」

それを聞いて、わざわざ手土産まで持って挨拶に来てくれた真意がようやくわかりました。最初から、そんなつもりではなかったにせよ、興味本位で私たちを見に来た結果、雰囲気がよくなったので、ダメもとで頼んでみたくなったのでしょう。

ご主人の言いなりなのか、恵子さんは恥ずかしそうにうつむいているだけでした。

「若い二人の激しいやつを間近で見たら、ぼくらもきっと燃えてくるはずなんです」

おもしろそうだな、とも思いましたが、妻は当然いやがるだろうと思って答えを渋っていました。

ところが妻は、耳もとで「ねえ、楽しそうじゃない？」とささやいてきたのです。旅行に来てからの妻は、快楽に対してものすごくどんよくになっていました。

「お恥ずかしいけれど、そんなものでよかったら、どうぞ見てください」

妻はそう言って、さっそく私の膝の上に乗ってくると、キスをしてきました。

向かいに座っていた二人は、固唾《かたず》を呑んでこちらを見つめていましたが、やがて私たちのまねをするようにキスをしはじめました。

妻もそんな二人を見て、ますます興奮したようです。

外はすっかり暗くなっていて、吊ってあったランタンに虫が飛んできました。

「ねえ、寝室まで連れていって。ベッドの上で、たっぷり見ていただきましょう」

甘える妻を抱きかかえながら、ご夫婦に、「どうぞ、こちらへ」と声をかけました。

寝室に二つ並んだベッドの片方に妻を座らせて、もう一方のベッドに座った夫婦と向き合う格好になりました。

妻は、見られることに新たな喜びを見出したようでした。二人を挑発するように、私の股間をまさぐってきたのです。

「アン、もうこんなに大きくなってるのね。いっぱい舐めてあげる」

私の下半身に顔を埋めると、引っぱり出したペニスをチロチロと舐めはじめました。

明さんは、その様子を食い入るように見つめながら、ズボンを脱ぎ捨て、奥さんにフェラチオを要求していました。

妻にしゃぶられながら、ご主人の股間に顔を寄せる恵子さんの様子を見ていたら、私もいつになく激しい興奮を覚えました。

明さんのモノはムクムクと大きくなってきて、恵子さんはそれを唇で挟みながら、頭を上下に振っていました。

上品で控えめだった態度からは想像できないほど、荒々しくしゃぶりついて髪を振り乱す姿に、見入ってしまいました。

他人のそんな姿を目《ま》の当たりにしたのはもちろん初めてでしたが、想像以上になまなましい迫力がありました。

「いいものを見せてもらってありがたい。おかげでこんなに勃起したよ、なあ、お前」

明さんはうれしそうに言って、恵子さんの服を脱がせはじめました。

恥ずかしそうにブラウスを脱ぎ捨てた恵子さんの体は、思いのほか豊満でした。

大きめの乳房は少し垂れかかっていましたが、それは男にさんざんもてあそばれた痕跡のように思えて、むしろ卑猥な感じがしました。

硬くすぼまった乳首はよほど敏感らしく、明さんがつまんだだけで「あっはん！」と喘ぎ声を出しました。

妻もその声に反応したようで、フェラをしながら服を脱ぎはじめていました。

最初は、妻の裸をほかの男に見せることに抵抗がありましたが、興奮するうちに、見せつけたい気分になっていました。

妻があまりにも明さんになついていたので、嫉妬《しっと》に駆られてしまったのです。確かに向こうのほうが成功者かもしれませんが、このきれいな女は俺のものだぞと誇示したのです。

裸になった妻の体を明さんのほうに向けて、膝の上に乗せました。同時に首筋を舐め、背後から回した手で、いつもより乱暴に乳房をつかみながら、ショーツの中をまさぐりました。

「ハァ、すごくいいわ！　あなた、アソコがひくひくして止まらない。もっとさわって」

妻は、三十を過ぎてから年齢を気にするようになっていましたが、さらに年配のカップルと対面したことで、自信を持った様子でした。

女として自分が優位に立っていると言わんばかりに、大胆にふるまっていたのです。

明さんは、もみしだかれる妻の乳房と、広げた脚の間を交互に見つめながら恵子さんを抱き寄せて、乳房に吸いついていました。

すると、恵子さんは喘ぎながら、初めて感情を露にしたのです。

「やっぱり三十代の胸はきれいね。でもあなた、そんなに見つめちゃイヤ！」

険悪なムードになるのかと一瞬ヒヤッとしましたが、明さんはニタッと笑いました。

「お前だって、さっきから若い旦那さんのアソコばっかり見てるじゃないか」

向こうは向こうでお互いに嫉妬して、それが起爆剤となり、燃えはじめていたようでした。

「せっかくだから、硬いやつを味見させてもらうか？　物ほしそうな顔をしてるぞ」

明さんに言われてとまどっていた恵子さんに、妻が助け舟を出しました。

「恵子さんがおイヤでなかったら、どうぞ。そのかわり、私も……」

そう言って、私の膝からすべり落ちると、明さんの足元に這っていったのです。妻がやろうとしていることを悟って、ドキッとしました。

「ここまで来たら、いっそ入れ替わってみませんか？　こんな機会はまたとないもの」

そんな光景に、自分が耐えられるのか自信がありませんでしたが、傍に寄ってきた恵子さんが股間に顔を寄せてくると、すぐに好奇心が勝りました。

恵子さんは、遠慮がちにペニスを握ってさすりながら、私の顔を見つめてきました。

「さわってみると、ほんとうにすごく硬いんですね。舐めさせていただけるの？」

隣のベッドでは、あおむけに寝た明さんのペニスを、妻が口の中いっぱいに頬張っていました。うっとりとしたような表情を浮かべて、明さんの顔を見上げながら、手なんか握り合っていたのです。

込み上げる嫉妬が激しくなればなるほど、恵子さんに舐められているペニスは、彼女の口の中で力強く張り詰めていきました。

ギリギリのところで嫉妬を抑えていられたのは、恵子さんの巧《たく》みなフェラのせいでもあります。

いったいどれほどご主人に仕込まれたのか、それとも単に年の功による熟練なのか。先っちょから裏筋まで丹念に舐め回されたあと、ついには玉袋まで口の中に吸い込まれていました。

「うぉお、気持ちいい」

無意識に声が出てしまい、妻を刺激したようです。

今度は妻があおむけに寝かされて、明さんから愛撫を受けていました。

妻は、明さんの背中にしがみつきながら、私の嫉妬をあおるように「もっと、して」なんてつぶやいて、悶えていました。明さんもひたいに汗を浮かべるほど興奮を露にして、妻の乳房を舐め回していました。

そのやりとりを見ていたら、自分もついムキになってしまい、恵子さんをベッドに押し倒していました
あおむけに寝た恵子さんの両脚を広げると、すぐ横にいるご主人に見せつけるように、アソコを指で押し広げてしげしげと眺めました。

もっさり生えた茂みをかき分けてみると、毒々しい色をした肉ヒダが、愛液を垂れ流しながらパカッと開いていました。

先端に濡れて光るクリトリスは、小豆《あずき》のようにふくらんでいて、妻のものと比べるとだいぶ肥大化しているようにも見えました。そこだけは女として衰え知らずというような存在感があったのです。

妻がどれほど美しくて愛おしくとも、妻以外の女であることほど魅惑的な要素はありません。ましてや旦那の目の前で犯すということに、ただならぬ興奮を覚えました。

「奥さんの敏感なところ、舐めていいんですね」

明さんの耳に届くように断って、大粒のクリトリスに舌を伸ばしました。

「ア、アフゥ〜ン！　はひ、ひっ、ひっひぃん！　だめだめ、よすぎちゃう、ンフ！」

恵子さんは、隣で喘いでいる妻にも負けないくらいの声を出して悶えながら、全身をふるわせました。

「ああ……私、イッてしまいそうっ。アアッ、グフッ！　イクッ」

小じわの刻まれた顔をゆがめてよがる姿に、セレブ妻の面影はありませんでした。

隣のベッドから、ひと際甲高い妻の声が聞こえてきました。

見ると、妻はベッドの上で四つん這いになって、明さんの顔の前で尻をクネクネ振っていました。

明さんは、妻のアソコに指を出し入れしながらペニスをさらに大きくしていました。

悩んでいたとは思えぬほど、立派にそそり立っていたのです。

「アァ、おかしくなりそう。明さん！　大きいやつ、入れてください、ウハァ〜ン」

明さんは、私の顔をチラッと見てから、ゆっくりと妻の中にペニスを挿し込んでいきました。

恵子さんは、そんなご主人の姿を見届けながら、勝ち誇ったように言いました。

「今日はすごいのね。でもいいの、私はもっと硬いのを入れてもらうから」

よその男のペニスが妻のアソコに突き刺さっている光景を複雑な思いで見つめながら、両脚を広げた恵子さんの裂け目に、ペニスを押し込みました。

二台のベッドが競い合うように激しいきしみ音を立て、真っ先に達したのは妻でした。

明さんはそれを見届けると、あわてた様子で妻からペニスを引き抜いて、こちら側のベッドに飛び乗ってきました。いまにも噴射しそうに血管を浮き上がらせているペニスを、恵子さんの口にねじ込んだのです。

「見ろ、今日のぼくはすごいだろう？　ほら、お前のだぞ、しっかり味わいなさい」

ご主人のものを口に含んだ恵子さんのアソコがヒクヒクしはじめ、その悦びを私のペニスに伝えてきました。直後、恵子さんの顔面に、白い液体がぶちまかれました。

第三章 欲しがりの巨尻に灼けた肉槍を

大胆なビキニ姿で挑発してくる叔母がぼくの手をとって乳房にふれさせ……

内藤博之　会社員・二十六歳

中一の夏休み、ぼくは一人で親戚の家まで旅行することにしました。

初めての一人旅でした。ぼくにとっては夏休みのちょっとした冒険でした。

叔父夫婦は子どもに恵まれないせいか、ぼくを赤ん坊のころから我が子のようにかわいがってくれていました。その年も、夫婦揃ってぼくを大歓迎してくれました。

とりわけ叔母の美幸《みゆき》のぼくに対する態度は、溺愛といってもいいものでした。

美幸叔母さんは、その年四十三歳だったでしょうか。切れ長の目がきれいな人で、ぼくは子ども心に女性の色気のようなものを感じていました。

「もう中学生なのね。すっかり大きくなっちゃって」

うれしそうに、美幸叔母さんはぼくのことを上から下まで見つめます。その視線がなんだか照れくさくて、ぼくは少しもじもじしてしまいました。

叔父夫婦の家は、海の近くにありました。きれいな海ですが、あまり観光地化されていない浜があちこちにあり、叔母がそこへ連れていってくれることになりました。叔父さんは仕事で昼間は動けないので、美幸叔母さんと二人っきりです。

到着しても、浜に海の家などありませんでした。ぼくは乗ってきたワゴン車の後部座席で水着に着がえるように言われました。

そのときのぼくは、中一といっても精神的にはかなり子どもでしたから、海に着いたうれしさですっかりテンションが上がり、ぽんぽんと衣服を脱ぎ捨てました。

ふと気づくと、美幸叔母さんが薄笑いを浮かべながら、じーっとこちらを見つめていました。

ぼくがもう少し大人なら、叔母さんが明らかに性的な興味を持ってぼくの裸を眺めていたと気づいたでしょうが、もちろんそのときのぼくは、なんとなく気恥ずかしさを感じただけでした。

「ど、どうかしたの？」

「ううん。ひろちゃん、大人の体になってきたなあと思って」

そう言って、意味ありげに笑うだけでした。

車から降りてきた美幸叔母さんは、ワンピースを着たままでした。

「叔母さんは、着がえないの？」

「うーん、どうしようかなあ。ひろちゃん、私の水着姿見たい？」

急にへんなことを聞かれて、ぼくはとまどいました。

「え……それは、その……」

「あはは、冗談よ。ちゃあんと着てきました。ほらっ」

言うなり、美幸叔母さんはワンピースのすそをたくし上げ、さあっと脱ぎ捨ててしまいました。ワンピースの下に、もう水着を着けていたのです。しかも叔母さんの年齢としてはかなり面積の狭い、大胆なビキニでした。

ぼくは突然現れた叔母の素肌にとまどい、思わず目を伏せてしまいました。

それほど、水着姿が刺激的だったのです。

全体的にむちむちはしているのですが、それでもウエストはほどよくくびれ、ぷりんとしたお尻は小さな水着からハミ出しそうです。

おっぱいなんか思ったよりずっと大きくて、すでに汗ばんでいるくっきりと深い谷間は、思春期なり立てのぼくにはエッチすぎました。

「どう？　けっこうナイスバディでしょ？」

美幸叔母さんは、ふざけて谷間を強調するセクシーポーズをしたりして、ただでさえ狼狽《ろうばい》しているぼくをますますどぎまぎさせるのです。

正直、そのあとは海に入っても心ここにあらずでした。何をしていても叔母さんのむっちりした太腿や、ぷるぷると揺れるおっぱいについ目が行ってしまいます。

「きれいな海でしょ？　それに、全然人がいないのすごくない？」

その言葉どおり、青く澄んだ海も、自分たち以外に海水浴客がほとんどいないのも、ぼくが住んでいる関東ではありえないものでしたけれど、ぼくはもうそれどころではありませんでした。

「あ……」

不意に美幸叔母さんのビキニトップがずれて、大きなおっぱいの片方が半分くらいこぼれ出てしまいました。ちょっと色の濃い乳首まではっきり見えました。

水の冷たさで、乳首の先っぽがピンと硬くなっているのまでわかりました。

生まれて初めて見る、女性のおっぱいでした。

中一男子の肉体が、これに反応しないわけがありません。ぼくの股間は、勝手にビンと一瞬で大きくなってしまいました。

ぼくの視線に気づいて、美幸叔母さんは「あら、やだ」と反射的に水着を戻しましたが、逆にへんな目つきで、こちらを見つめ返しました。

「ひろちゃん、あかんよ。さっきからエッチな目で叔母さんのこと見よって」

「そ、そんなこと、してないよ」

あわててぼくは言いわけしましたが、美幸叔母さんはすぐそばまで近づいてきて、ぼくの海パンのテントを指先でつっつくのです。

「ウソばっかり。おち○ちん、大きくなってるじゃない。ほら、カッチカチ。うふふ、叔母さんのおっぱい見て、興奮しちゃった？　怒らんから、正直に言って」

「ご、ごめんなさい……ここが、勝手に……」

もごもご口ごもるぼくの顔を、美幸叔母さんはさらにのぞき込みました。

「おっぱい、もっと見たい？」

思ってもみない言葉に、ぼくは驚きました。でも、冗談を言ってるようには見えませんでした。

「え……う、うん。見たい……」

にっこりすると、叔母さんはぼくの手を引いて、少し離れた磯のほうへ連れていきました。もともと人けのない浜辺でしたけれど、ここまで来るとごつごつした大きな岩に目隠しされて、通りすがりの人がいてもまったく見えません。

「ほんまにかわいいなあ、ひろちゃんは……ほら、見ていいよ。おっぱい、大きいでしょう？　男の子だから、大きいおっぱい好きやもんね」

美幸叔母さんはビキニをずらして、両方の乳房をぼくの前に露にしました。しずくのついた、たわわなふくらみ……コリコリになっている乳首……ぼくは声もなく、その絶景を凝視するばかりでした。すると、

「いいのよ、さわってても……」

とぼくの手を取り、そのふくらみにふれさせました。美幸叔母さんの巨乳は想像よりさらにずっとやわらかく、そっと握ると指がふにふにと沈んでいきます。

「ふふ、やわっこいでしょ。ほら、もっともみもみして……ああ……気持ちいい……」

ぼくがおっぱいをなで回すにつれ、叔母さんは次第に悩ましい声をあげるのです。

その声に、ぼくの股間はますますいきり立ちます。

「先っちょ、先っちょ舐めて……ちゅうちゅうして……」

そう言う叔母の胸に頭を抱き寄せられたぼくは、誘われるまま、硬く勃起している乳首に吸いつきました。想像していたような母乳の味はしなくて、海水の塩味が口の中に広がりましたが、それでもなんともいえない幸福感に満たされる感じがしました。

「ああんっ、いいわあ。じょうずよ、ひろちゃん。ほら、こっちも吸って……はああ、

気持ちよくなっちゃう……」

美幸叔母さんも体をうねらせて、どんどんいやらしい声を洩らします。

ぼくの股間のものは、さっきから海パンの裏地にこすれて、その刺激が限界に達しようとしていました。

「あうっ！」

突然、いままで感じたことのない爆発的な感覚が、おち○ちんに走りました。

ぼくは思わず叫んでいました。叔母さんは、少し驚いたように尋ねました。

「どうしたの、ひろちゃん？」

「わ、わかんない……おち○ちんから、なんか出た……かも」

ぷっと吹き出して、美幸叔母さんは言いました。

「もしかして、ひろちゃん、まだ射精したことなかった？」

精液のことは保健体育で習っていましたから知識だけはありましたが、当時のぼくは性に関してどちらかといえば消極的で、オナニーさえちゃんとしたことがありませんでした。精液を発射するなんて、もっと大人になってからのことだと思い込んでいたのです。

「どれどれ、見せてごらん」

興味津々といった様子で、叔母さんはぼくの海パンに手をかけました。

「や、やだよ。恥ずかしいよ」

「あら、ひろちゃん、叔母さんのおっぱい見てさわったでしょう？　自分だけずるいじゃない？」

そう言われると、ぼくはもう言い返せません。美幸叔母さんは、遠慮なくぼくの海パンをずりおろしてしまいました。

白い精液でべとべとになったおち○ちんが、夏の太陽の下、ぽろんと丸出しにされてしまいます。

「やだ、かわいいっ。まだ毛もほとんど生えてないのねえ。皮もこんなにかぶっちゃって……でも大きさはもう一人前ね。それに射精したばっかりなのに、まだ勃ってるじゃない。ふふ、中学生のピチピチおち○ちん、ドキドキしちゃう」

目をぎらつかせながら、美幸叔母さんはぼくのおち○ちんを観察するのです。

「もっと気持ちいいこと、してあげる」

言うなり、ぼくのそこをぺろぺろねぶりはじめました。

「あーっ、そんなとこ、汚いよ」

「ふふっ、ひろちゃんのおち○ちんだもん、汚くなんかないよ。それに、こうされるといい気持ちでしょう？」

舌づかいはますます激しくなります。皮をかぶったままの棒の部分だけでなく、タマタマまで舐め回すのです。

「あっ、うう……く、くすぐったいけど、気持ち……いいよお……」

「ほら、こうするともっと気持ちよくなるわよ。大人のおち○ちんになれるかな？」

ぼくのサオの先端をそっと握って、ゆっくりと皮をめくり上げてくれました。なんの抵抗もなく包皮はつるりと剝けて、ピンク色の亀頭が露出しました。

「ああん、出ちゃったぁ、ひろちゃんの童貞カメさん。やだあ、もうすっかりビンビンに戻っちゃって。はあ、おいしそうで、もう我慢できないっ」

美幸叔母さんは、いきなりぼくのそれを、ちゅるっと口に頰張りました。

初めて剝けたおち○ちんに、熟女の濃厚なフェラです。強烈な快感にぼくはたまらず、首をのけぞらせて叫び声をあげていました。

「あーっ！　すごいよ！　きっ、気持ちよすぎるぅっ！」

ちゅぽっ、ちゅぽっとリズミカルに唇と舌を動かして、叔母さんはさらにぼくの幼いペニスを味わいつづけます。

「やあん、ひろちゃんの剝け立ておち○ちん、おいしいわあ。新鮮こってり精液の味するぅ。うぅーんっ」

「だ、だめだよぉ。ぼく、ま、また出ちゃいそう……！」

喘ぎあえぎぼくが訴えると、美幸叔母さんはようやく濃密なおしゃぶりを中断しました。

「うふっ、どうしようかな？　ひろちゃんのピチピチ精子直接ゴックンもしたいけど、やっぱり叔母さんも気持ちよくなりたいかな……どうする、ひろちゃん？　もっと気持ちいいのさせてあげよっか？」

「もっと……気持ちいいの？」

美幸叔母さんは、するするとビキニの下を脱いでしまいました。

黒々と茂った陰毛の林が、ぼくの眼前にさらされます。叔母さんは立ったまま、手ごろな岩に片足を乗せて、ぱっくりと股を広げて見せてくれました。

茂みの奥に、まさに剝き身の貝みたいなビラビラがぺろりと口を開いていました。

初めて見る女性器は、ちょっとグロテスクで、でも少年のスケベな好奇心をどうしようもなく刺激するのです。

「ほら、見てえ。これが女の人のおめこよぉ。ここにおち○ちん入れると、最高に気持ちいいんだから！　叔母さんとセックス、してみる？」

「い、いいの？　ぼく、セックスしたいよ」

美幸叔母さんも声を上擦らせながら、ぼくを抱き寄せます。

「いいわよ……ほら、わかる？　おち◯ちんを、ここにね……そうそう、じょうずよぉ……あっ、あっ、ほらっ、叔母さんの中に、ひろちゃんの入っちゃう……ああ」

そっと握ったぼくのソレを、立ったまま巧みに自分のアソコに導いてくれました。

叔母さんはどちらかといえば小柄な女性でしたから、ちょっと腰を落とすだけで、立位挿入は思ったよりスムーズでした。

ぼくの純真無垢《むく》なおち◯ちんは、ぬるりっと裂け目に呑まれてしまいました。

くうぅっ、これが……これが、女性とのセックスなんだ……。

さっきのフェラチオとはまるで別種の快楽がそこにありました。温かくて、ねっとりしていて、うねうねしたお肉がおち◯ちんに絡みついて、気持ちよすぎて頭の奥がジンジンしびれるみたいでした。

美幸叔母さんにしっかりと抱き締められたぼくは、本能のままに夢中で腰を動かしていました。

叔母さんの中でおち◯ちんが動くほど快感がビリビリと高まり、ぼくはもう突き上げる運動を止められませんでした。

「ほらっ、ほらっ、どう？　おめこ、気持ちいい？　叔母さんとセックスしてるんよ。ああ、一所懸命腰を動かしちゃって、かわいいわあ。ううんっ、すごぉい……中でひろちゃんの硬いのがヒクヒクしてる……いいわいいわ、もっと、もっと、おめこコンコンして」

スケベな言葉を吐き散らしながら、美幸叔母さんは自分からもグイグイと下半身を振り立ててきます。

初体験の少年が、熟女のこんな責めに耐えられるわけもありません。

「あーっ、ぼくっ、もうっ……！」

「いいのよ、ひろちゃん、我慢しないで中で出しちゃいなさい。ちょうだい、ひろちゃんの初めての精子……！　はあぁ、叔母さんも感じてるぅ！」

唐突に、またおち○ちんが破裂したみたいな快感が訪れました。

「ああ……っ！　叔母さん……っ！」

美幸叔母さんの熱い体にしがみついて、ぼくは初めてのセックスで絶頂を迎えました。おま○この中に、精液を思うさまぴゅっぴゅっとぶちまけるのがあまりにも気持ちよくて、ぼくは頭がどうにかなりそうでした。

「あっ、ああ……出てるぅ……すっごい勢い……たまんないわぁ……」

ぼくを抱き締めたまま、美幸叔母さんも、全身をぶるぶるふるわせているのがはっきりとわかりました。

やがて美幸叔母さんはぐったりと岩にもたれて、ふーっと大きく息をつきました。

「どう、ひろちゃん？　おめこ初体験、気持ちよかった？　あん、ほら見て。ひろちゃんが発射した精液、垂れてきちゃった……こんなにたくさん」

広げられたお股の間から、とろとろと大量の白い粘液が逆流して太腿を滴り落ちていきました。

一方、ぼくのそこはといえば、自分でもあきれたことにカチカチのままでした。思春期の少年のスタミナと好奇心は尋常ではありません。

ぼくは自分から美幸叔母さんにしなだれかかり、まだ硬いままのおち○ちんを押しつけておねだりしました。

「ぼく、まだし足りないよ……もう一回セックスしたい……」

「やだ、中学生のおち○ちんてスゴいのね。はあ……叔母さん、体がもつかしら。いいわ、じゃあ、今度はバックからね……」

美幸叔母さんは、両手を岩につくと大きなお尻をこちらに突き出しました。はしたなく脚を広げているので、お尻の穴から、まだぼくの真っ白な精液がこびりついている赤黒いビラビラまで、陽光に照らされて丸見えです。

「ほら、見える？　こっちから入れても、とっても感じるから……」

わあ、こんな入れ方もあるんだ……。

妙なことに感心しながらも、スケベな好奇心のおもむくままに、ぼくはギンギンに勃起しつづけている未熟なおち○ちんを、背後からアソコにすべり込ませます。

さっきの余韻がまだこってり残っている肉ビラの中は、かーっと熱くなっていて、さっきよりさらにぬるぬるしていました。

「あぁ……また入れちゃった。き、気持ちいいっ……！」

「ああーんっ、まだこんなにビンビンなのぉ？　ひろちゃんたら、そんなに叔母さんとおめこするの好き？」

すでに二発放出していたぼくは、今度は美幸叔母さんの膣を味わう余裕が少し出てきました。

「うん、大好きだよ。セックスってこんなに気持ちいいんだね……叔母さんも？」

「んっ……ええ、叔母さんもよ……こんな野外で、中学生の甥っ子とハメハメしちゃう変態叔母さんだから……ううーんっ、いいわあ、ひろちゃん、バックだとさらに気持ちいいところこすれるぅ！」

ぼくはゆっくりとしたペースで出し入れを楽しみました。

ちゅぷっ、ちゅぷっと音を立ててピストンするたびに、おち◯ちんがしびれるような快感に包まれます。

それに合わせて、叔母さんが「うぅっ！　んひぃっ！」と獣じみた声をあげ、大きなお尻をぷりんぷりんとふるわせるのも、ぼくの興奮をいっそう駆り立てます。

「あーっ、ぼく、おかしくなっちゃいそうだよぉっ！　気持ちよすぎて、動かすの止まんないよぉっ！」

ぼくは首をのけぞらすようにして、夢中で腰を振りつづけました。ぼくの細い腰骨が美幸叔母さんのデカ尻に当たって、パチンパチンと激しい音が鳴り響いていました。

「はああんっ、いいわっ、ひろちゃん！　とってもじょうずよっ！　もっと、もっとお尻に打ちつけてっ！」

「こう？　こうするのがいいの？」

ぼくは美幸叔母さんの腰を両手で抱えると、思いきり勢いよく出し入れを加速させてあげました。

「くうぅんっ！　そうよっ！　おめこの中、思いきりほじってぇっ！　ああーっ、いやぁーっ！　イキそうよっ！　イッちゃうっ！　ひろちゃんの毛も生えてないおち◯

ちんでイカされちゃうっ！」

岩場に両手をついて体をくの字に折った美幸叔母さんは、狂ったように髪を振り乱して叫びます。

ああ、ぼく、女の人をイカせようとしてるんだ。母親とさほど変わらない年齢の叔母さんを、最高の気分にしてあげてるんだ。

そう考えると、ぼくのアソコはさらに硬さを増し、ピストンもますます勢いが強まります。

同時に、電気を流されてるみたいな快感にさらされっぱなしのおち○ちんも、また爆発しそうになってきました。

「ぼくも、ぼくもまた出ちゃいそうだよぉっ！」

「いいのよ、ひろちゃん！　我慢しないで、おめこに、ひろちゃんの元気な精液好きなだけ出してっ！　そうっ、そうよ！　激しく、激しくえぐってっ！　ああ、どうしよう、叔母さんイカされちゃうっ！」

ぼくはぐっと歯を食いしばって、最後に全力の数こすりを突き込みました。

「あっ、出るぅっ！　精子出るよぉっ！」

その直後、ぼくは精巣に残っていた最後のかたまりを「びゅびゅっ！」と割れ目の中に噴きこぼしたのでした。

「お……おおぅ……すっごい出てるぅ……うう……ううんっ……ギモヂいいっ！」

美幸叔母さんもピンと全身を硬直させたかと思うと、ピリピリと全身を痙攣させ、うわ言みたいに何かうめき声をあげていました。

ぼくのものを包んでいるおめこも何度もヒクヒクして、それがまた射精直後のおち○ちんにはたまらない快感でした。

それからぼくと美幸叔母さんはぐったりと波間に倒れ込み、夏の日差しの下、しばらくぼんやりとその場にただよっていました……。


もちろん、ぼくと叔母さんの秘密の行為は、それだけでは終わりませんでした。

一週間の滞在の間、ぼくたちは叔父さんの目を盗んでは、家の中で、ホテルで、野外でセックスしまくりました。

女性の肉体を覚え立てのぼくのアソコは四六時中勃起しっぱなしでしたし、叔母さんからところかまわずむしゃぶりついてくることも一度や二度ではありませんでした。

美幸叔母さんはよほど名残惜しかったのか、ぼくが帰路につく駅のトイレでもお別れのフェラチオをしてくれました。

「かわいいひろちゃん……帰っても彼女なんか作ったらダメよ？　近いうちに今度は叔母さんが理由作って遊びにいくから、ね？」

ぼくの精液をごくんと飲み干してウインクするのです。

以来、美幸叔母さんとぼくのいけない関係は、いまも続いています。

コンパニオンのバイト後に部屋へのお誘い　マダムの慰み者となり精を吸い取られ

倉木健斗　土産物屋経営・三十八歳

いまから十五年ほど前の話になります。

私はある温泉町に生まれ育ち、高校を卒業すると同時に実家の土産物屋で働いていました。

その仕事に満足していたわけではなく、ほかにやることが見つからず、ぶらぶらしていても仕方がないため、家業を手伝っていたんです。

仕事といっても、商品の仕入れと店番だけで、シーズンオフのときは暇を持て余していています。

給料もこづかい程度しかもらえず、さすがに五年もたつと嫌気がさし、東京で仕事を見つけようかなと考えるようになりました。

お恥ずかしい話ですが、そのころの私は貯金もろくになく、どうしたものかと友だちに相談したところ、コンパニオンボーイは金になるという情報を聞き、さっそく派遣事務所に登録して夜のバイトを始めたんです。

忘れもしません。夏の暑い日、あるホテルで婦人の団体が宿泊し、私はほかのバイトさん五人とホテルに向かいました。

大広間に、総勢二十人ぐらいはいたでしょうか。

お酌をして回ったり、話を聞いたり、目が回るほどの忙しさだったのですが、一人の熟女からあとで部屋に来ないかと誘われたんです。

そういう行為は禁止されているのですが、とても上品なマダムで、年のころなら四十代半ばだったでしょうか。

別料金で十万出すからと言われ、私は二つ返事でオーケーし、仲間内には内緒にしました。

やはり規則違反ですし、からかわれるのがいやだったからです。

宴《うたげ》が終わった一時間後、指定された部屋を訪れると、彼女のほかに二人の女性が待ち受けていました。

そのときにいやな予感はしたのですが、いまさら断ることはできません。

誘いをかけてきた女性はマキ、スリムな女性はシズエ、ふっくらした女性はユキノと名乗りました。

みんな同年代で仲がよく、三人だけで旅行に行く機会も多いそうで、お酒が好きだとのこと。彼女らは浴衣姿で、頬はすでに真っ赤に染まっていました。

そのまま和室部屋で二次会をすることになり、座椅子に腰かけて世間話をしていると、熟女たちはどんどん身を寄せてきて、妖しい雰囲気に胸がドキドキしました。

「あまり飲まないのね。お酒、好きじゃないの？」

「い、いえ、そんなことはありません……ちょっと緊張してて」

「ふふっ、かわいいわ、健斗《けんと》くんは、いくつ？」

「に、二十三です」

「若いのね、私が飲ませてあげる」

「え？」

言葉の意味がわからず、呆然としていると、マキさんはビールを口に含み、顔を寄せてきました。

「あ、そ、それは……むうっ」

冷たいビールを口移しで流し込まれ、思わず頭がポーッとしました。

まだ血気盛《さか》んな年ごろでしたから、全身が熱くなり、熟女らの色気と積極的な行為に男の分身がムクムクとふくらみました。

「あ、いいな、私も」

シズエさんからも同様にビールを飲ませてもらうと、ペニスはフル勃起してしまい、今度はユキノさんの手が股間に伸びてきたんです。

「あ、ぐっ、くっ」

「やだ……もう大きくなってるわ」

「やぁン」

マキさんもふくらみに手を這わせてなでさすり、背筋がゾクゾクしました。

シズエさんがディープキスで舌を絡めてきて、唾液をジュッジュッとすすられるころには、私の昂奮は早くも頂点に達してしまったんです。

「この子の、けっこう大きいわ」

「すごい……鉄の棒を入れてるみたい」

「ん、んむっ！」

ズボンのホックをはずされ、ジッパーを引きおろされたときは、ほんとうにびっくりしました。恥ずかしさはあったのですが、あのときは性欲のほうが圧倒的に勝っていて、心の中ではめくるめく甘い予感におおい尽くされていたんです。

「ほら、お尻を上げて」

「むむっ」

言われるがまま腰を上げると、ズボンをトランクスごと脱がされ、いきり勃つペニスがビンと弾け出ました。

「きゃっ！」

「コチコチ！」

「やだ……もうエッチな汁が溢れてる」

亀頭や胴体を指でつつかれ、はたまたなぞられるたびに快感は上昇し、もはや淫らな気持ちを止めることはできませんでした。

やがてペニスに心地いい感触が走り、薄目で確認すると、マキさんとユキノさんが両脇から横べりに舌を這わせていました。

もちろん、ダブルフェラチオなんて経験したことはありません。

「やぁンっ、この子、タマタマもすごく大きいわ」

エッチな言葉を投げかけられるたびに、睾丸の中の精液が荒れ狂いました。

女の人も歳を重ねると、これほど性欲を剝き出しにするものなのか。

そんなことを考えている最中、マキさんが真上からペニスを咥え込み、巨大な快感が背筋を突き抜けました。

「あ、あふっ」

長いキスがようやく途切れ、股間を見おろすと、艶やかな唇がペニスを根元まで呑み込んでいました。

ユキノさんは陰嚢を手のひらで持ち上げ、舌でてろてろと舐めていたんです。

顔のスライドが始まり、ぐっぽぐっぽと卑猥な水音が響くなか、私はあまりの気持ちよさに腰をくねらせました。

「あぁン、私にも……」

マキさんがペニスを吐き出すや、ユキノさんが先端をペロペロ舐め回し、強張ったペニスを口の中に招き入れました。

「あ、ああっ」

おそらく、私はうつろな表情で淫らな光景を見つめていたのではないかと思います。

「やぁン、二人ともいやらしいわ」

シズエさんは熱っぽい表情でつぶやいたあと、私のシャツのボタンをはずしました。

「全部脱いじゃいましょ」

「お、く、くふっ」

異様なシチュエーションが昂奮を促し、射精願望はすでに限界に達していました。あのときの私は、放出をこらえるだけで精いっぱい。顔をくしゃりとゆがめ、全身に力を込めることしかできませんでした。

マキさんとユキノさんは交互にペニスを舐め立て、激しい勢いで吸い立てました。

「あ、あ……も、もうイキそうです」

「やだ、もうイっちゃうの？」

マキさんが口からペニスをちゅぽんと抜き取ると、沸騰した精液が出口をノックし、亀頭が頭をブンブン振りました。

なんと私はあっけなく放出を迎え、大量の精液を迸らせてしまったんです。

「ヤン！」

「きゃあぁっ」

濃厚な精液は高々と跳ね上がり、二回、三回、四回と立て続けに放たれました。

「すごい……まだ出るわ」

「どうなってるの？」

生ぐさいにおいがあたり一面にただようころ、射精はようやくストップし、私は放心状態で座椅子の背にもたれました。

「まだ、出るんじゃない」

「きゃっ、出た！」

ユキノさんに胴体を根元からしごかれ、尿管内の精液がピュッと飛び跳ねました。

「あン、もう……我慢できなかったの？」

「はぁ、はぁ、すみません」

荒い息を吐きながら謝罪しましたが、私自身も失態を演じてしまったと後悔しきりでした。

熟女と4P体験できる機会など、そうそうあるはずがありません。

がっかりさせたのは事実でしょうし、このまま帰らされるのではないかと覚悟していたんです。

「見て、まだおっ勃ったままよ」

シズエさんがタオルで体に付着した精液をふき取りながら、びっくりした声でつぶやきました。

すっかり盛りがついてしまったのか、確かにペニスはなえることなくビンビンにそり返っていたんです。

「やっぱり若いのね……これなら、あと三回ぐらいはイケそうじゃない？」

マキさんの言葉にギョッとしたのですが、これで終わりではないと安堵《あんど》したのも事実でした。

「ひょっとして、童貞くん？」

「い、いいえ、違いますけど……」

これまたお恥ずかしい話なのですが、風俗で筆おろししてもらい、素人の女性とはキスどころか、手を繋いだこともなかったんです。

もちろん真実を告げられるはずもなく、顔を真っ赤にしていると、ユキノさんに手を引っぱられました。

「こっちに来て」

マキさんとシズエさんも腰を上げ、連れていかれた場所はとなりの部屋でした。

すでに敷き布団が三つ敷かれ、私は真ん中の布団に寝かされ、再び熟女たちの慰み者にされてしまったんです。

行灯《あんどん》風のスタンド照明がぼんやり灯《とも》るなか、三人は浴衣の帯をほどき、ショーツ一枚の姿になりました。

ドンと突き出た乳房、丸みを帯びたヒップ、いまにもとろけそうな白い肌と、やたらなまなましい彼女たちの妖艶さに性欲は完全回復しました。

今度はマキさんに乳首を舐められ、シズエさんとユキノさんはまたもやペニスにむさぼりつきました。

「一回出したんだから、しばらくは我慢できるでしょ？」

「は、はい」

「イキそうになったら、ちゃんと言うのよ」

「わ、わかりました……あ、くうっ」

念を押したマキさんはショーツを自ら脱ぎ捨て、私の体を跨いで女の秘所を余すことなくさらしました。

発達した陰唇が外側に大きくめくれ、鮮やかな紅色の内粘膜はねっとりした愛液をたっぷりまとわせていました。

「……舐めて」

ムワッとした熱気とともに甘ずっぱいにおいが鼻をつき、頭の芯がジンジンしびれました。

ねとねとの女肉を押し当てられると、私は舌を差し出し、ゼリー状の膣肉をベロベロ舐め回したんです。

「はあぁ、いいい、いいわぁ」

「んっ、んぐっ」

「そ、もっと舌を動かして……クリちゃんを掃くようにこねるの、あ、そ、そうよ、はっ、ンうぅっ」

絶え間なく溢れ出す愛液を喉の奥に流し込みつつ、私は下半身に吹き荒れる快感に身悶えました。

シズエさんとユキノさんが、ペニスをじゅっぱじゅっぱと猛烈な勢いでしゃぶり立てていたからです。

「たまんない……もう入れちゃうわ」

「あぁンっ、ずるい！　あたしが先と思ってたのにぃ」

シズエさんが腰を跨ぎ、亀頭の先端がヌルリとした感触に包まれました。

顔と下腹部に受けた心地いい圧迫感は、いまだに忘れられません。

シズエさんはほっそりしているのに、熟女のあそこってほんとうに肉厚なんですね。

ぬっくりした膣襞がペニスに絡みつき、天国に昇るような気持ちよさにはびっくりしました。

ピストンもすごくて、バッチンバッチンとヒップを打ちおろし、息が詰まりそうな激しさに牡の証《あかし》がまたもや荒れ狂いました。

「ああっ、いいっ、いいわぁ、この子のおチ○チン、そり返ってて、気持ちいいところに当たるのぉ」

「あぁン、舌もくねくね動いて最高よ！　そう、じょうずだわ」

「あぁン、あたし、我慢できないっ、早く変わって！」

「はぁあっ、イクっ、イキそう」

「あんっ、あンっ、イッちゃう！」

「イクっ！　イックぅうンっ！」

マキさんとシズエさんがほぼ同時にエクスタシーを迎えると、私の我慢もピークに達しました。

あと二、三秒遅ければ、まちがいなく射精していたと思います。

「はああっ」

二人は布団に倒れ込み、ペニスが膣から抜け落ちました。

大量の愛液をまとったペニスは真っ赤に染まり、多大な刺激を受けて樽のように膨れ上がっていました。

「あぁン、今度はあたしの番よ」

シズエさんが女豹のようにのしかかり、すかさずペニスを膣の中に招き入れると、ぬくぬくした感触に酔いしれました。

彼女はいちばんグラマーな体つきをしているため、とにかく迫力満点でした。大股を開いて男の分身を咥え込み、ふかふかの媚肉で胴体をこれでもかとこすり立て、私は両足を一直線に伸ばして歯を食い縛りました。

これ以上、無様な姿は見せられないと、男の意地が働いたのですが、スライドが繰り返されるたびにちっぽけな見栄は粉々に打ち砕かれました。

「ああっ、硬くて大きい！　イクっ、イッちゃう」

「く、ぐうっ、も、もうだめです！」

「イクっ、イックぅぅっ！」

「ああ、もうだめっ」

裏返った声を発すると、正気に戻ったマキさんとユキノさんが身を起こし、目をらんらんと輝かせました。

「いいわよ、イっても。すぐに勃たせてあげるから」

インターバルを置かずに三回も射精したことはなかったので、不安はありましたが、膣襞にもみくちゃにされたペニスは限界を突破し、ビクビクとひきつりました。

このままでは、シズエさんの中に放出してしまいます。

「ああ、イクっ、イクっ！」

放出を訴えた瞬間、ふっくら熟女はタイミングよく腰を上げ、ペニスを膣から抜き取りました。同時にマキさんとユキノさんが手を伸ばし、根元から先端に柔らかい指先を絡ませたんです。

「あ、お、おおっ！」

「きゃっ、出た！」

「やぁンっ、二回目なのに、まだこんなに出るの？」

「すごいわ、溜まりに溜まってたのね」

「ぐ、くふぅ」

合計五回の射精を繰り返したあと、さすがに精も根も尽き果ててぐったりしました。ところが休む間もなく、三人の熟女にペニスをしゃぶられ、無理やり勃起させられたんです。

「あ、おおっ」

「次は私の番よ」

「そ、そんな……無理です。ちょっと休ませてください」

「何言ってるの、若いんだから、いけるでしょ！」

「あ、くうっ」

マキさんが騎乗位の体勢からヒップを沈めてきたのですが、ペニスはしびれっぱなしで、もはや気持ちいいという感覚はありませんでした。

私を誘った熟女はしょっぱなから腰を激しく打ちおろし、さらには恥骨を前後に振り立てました。

ぐちゅぐちゅの膣肉にペニスを引き転がされ、私は腰も使えずに茫然自失《ぼうぜんじしつ》していたのではないかと思います。

「あ、あぁん、いい、いいわぁ」

「なんだか……また欲しくなっちゃった」

「……私も」

熟女らの尽きない欲望にゾッとしながらも、快感は次第に膨れ上がり、無意識のうちに腰を突き上げていました。

「やぁあぁ、イクっ、イっちゃうわ！」

「あ、む、むむっ」

「イクっ、イクイクっ、イックぅぅっ！」

こうして私は三人の熟女と肉体関係を結んでしまい、そのあとは二回もしぼり取られ、ペニスはさすがにピクリとも反応しませんでした。

まちがいなく逆レイプだったのですから、はたしておいしい体験だったと言っていいものなのか。

そのあとはへとへとの状態で帰宅し、泥のように眠ったことだけは覚えています。

後日、仲間内から聞いたのですが、彼女たちは大きな病院の医師の奥さんたちだったそうです。

そんなこんなでお金は貯まったのですが、父が体調を崩してしまい、二年後には他界。上京をあきらめ、いまは家業を継いでいます。

SNSでバツイチのナースと地元メシ欲望を抑え切れず朝まで潮吹きセックス

小林直弘　三十二歳・会社員

夏休みが三日取れたので、一人旅に出てみました。

行ったことがなかったので、日本海側の観光地にしたんですけど、自分の性格を考えてみたら、なじみのない街でアクティブに行動できるタイプじゃなくて……。昼間、ガイドブックに載ってる観光スポットを見物しただけで疲れてしまい、夕方からは、結局……安ホテルの部屋でスマホをいじってるしかありませんでした。

まあ、でも、腹は減りますから、何か食べに行かなければというときに、ふと思ったんです。せっかくの一人旅なのに全国チェーンのファミレスで晩ご飯というのも味気ない。こんなときこそスマホを有効活用しなければと。

グルメ情報サイトなどにもたくさんの店が載っていますが、どうせなら、口コミで地元のおいしい店を探したいということで、SNSに「旅行者です。この近辺でおいしい飲食店を教えていただけませんでしょうか」と書き込んでみました。もちろん私のアカウントには、簡単なプロフィールと顔写真をのせています。

するとと、親切に情報を寄せてくれる人がけっこういるもので、それだけでもちょっとうれしくなってしまいました。いくつかピックアップするうちに、魚介好きの私の目を引きつけたのが、最近地元で話題になっているという海鮮居酒屋でした。

情報を提供してくれた人に、「ありがとうございます。すごくおいしそうですね。これから行ってみたいと思います」とダイレクトメッセージを送ると、すぐに「私もこれから、どこかで外食しようと思っていたんですけど、よかったら、ごいっしょにいかがでしょうか？」と返信が来たんです。

しかもプロフィールによると、四十四歳の女性で、「バツイチ子持ち（小学生）」とあります。「とりあえずお話したい」とＤＭを送ると、ＬＩＮＥのテレビ通話でコンタクトをとることができました。スマホの画面で見るかぎり、かなりの美人で年齢よりも若く見えました。濃い目の茶髪のショートヘアが似合っていました。

「お店の情報ありがとうございます。ぼくなんかといっしょでいいんですか？」

「ええ、もちろん。あのお店、何度か行ったことがあって、ほんとうにおいしいんです。今日も行きたいなーって思ってたんですけど、女一人じゃ入りずらいというか、恥ずかしいじゃないですか。図々しいですけど、お願いできませんか？」

「いえいえ、ぼくも一人よりうれしいですけど、あの、お子さんは？」

「あ、心配していただいてありがとうございます。今日は近所にある私の実家にお泊まりなので、大丈夫というか、それもあって外食したかったんです」

「そういうことでしたら、ぜひごいっしょに。店の前で待ち合わせしましょうか」

そんな感じでトントン拍子に話は進み、三十分後には乾杯していました。

彼女の名前は宮前薫《みやまえかおる》さん。実物の彼女は、画面で見るよりもきれいな女性でした。白いブラウスに紺のフレアスカートという清潔感ただよういで立ちでした。

店の料理は、その日、港に揚がった日本海の魚が中心で、予想以上においしいものでした。テーブルに並んだ料理に舌鼓を打ちながら、その地方の地酒を酌み交わし、話をするうちに、彼女は看護師さんだということがわかりました。

総合病院の病棟勤務で、その日の朝まで二十四時間勤務だったそうです。その勤務が週に一回あって、そのときはお子さんは二日間、実家のご両親に面倒を見てもらえるので、すごく助かっていると言っていました。

勤務明けのその日は、昼間、十分に睡眠もとったので、久しぶりに外食したいと思ってSNSを見ているときに、私の書き込みを見つけたそうです。

地元で土地勘のない旅行者が困っているのを知って、「助けてあげたい」という気持ちもあったと笑顔で明かしてくれました。ナースという職業柄もあるのか、彼女は、こっちを包み込んでくれるようなやさしい雰囲気の持ち主でした。

いつしか「薫さん」「小林《こばやし》くん」と呼び合って、旧知の間柄のように、さまざまな話題で盛り上がりました。私は一回りも年上の女性と二人でお酒を飲むなんて、初めてのことでしたが、美熟女の魅力にもすっかり〝酔って〟しまったんです。

食事も酒も満喫して、店を出るときに薫さんが言いました。

「とっても楽しかった。どうもありがとう、小林くん」

ほんのりと頬が染まった薫さんと、私はまだ別れたくありませんでした。

「夜も遅いですから、送っていきますよ」

「いいわよ、すぐそこだから……」

「だったらなおさらです。ぼくはホテルに帰って寝るだけだし」

送っていく道すがら、こんな話をしました。

「ネットでこんなふうに会えることってあるんですね。しかも旅先で……」

「私もこんなの、初めてだったから、今日は不思議な感じだったわ」

薫さんがお子さんと二人暮らしをしているというマンションは、それほど大きくはありませんが、セキュリティがしっかりしていそうなきれいな建物でした。

「ここで大丈夫よ。ほんとうにありがとう」

「あ、はい……じゃあ、おやすみなさい」

そう言って私が名残惜しそうに薫さんを見つめると、しばらくの間、視線が絡むのを感じました。そして彼女が恥ずかしそうに、こう言ったんです。

「……酔い覚ましのコーヒー淹れるから、ちょっと寄ってく？」

「えっ、ええと……それじゃ、お言葉に甘えて」

私の心臓がドキドキと早鐘《はやがね》のように鳴りはじめました。

「狭い部屋だけど、どうぞ」

「お、おじゃまします」

薫さんにつき従うようにダイニングキッチンに足を踏み入れました。そこはリビングルームとつながっていて、部屋の隅々まで整理整頓されていましたが、生活感がないわけではありませんでした。システムキッチンの使い込まれた調理道具やダイニングテーブルに貼られたシールから、母子二人の日常が伝わってきました。

「そこに座って、待っててね」

「あ……は、はい」

一度、ダイニングチェアに腰をおろした私は、すぐに立ち上がって、キッチンに向かう薫さんの後を追いました。そのままタイミングを逸《いっ》してしまったら、ほんとうにコーヒーをご馳走になるだけで、終わってしまうような気がしたからです。

「……あの、薫さん」

え？　というような顔で振り返った薫さんを、正面から抱き寄せました。その肩は思いのほかきゃしゃで心がゆさぶられました。

「どうしたの、小林くん？」

ブラウスの背中をなでながら耳元に顔を寄せると、甘い柑橘系の清潔な香りが鼻の奥まで満ちてきました。ショートヘアからのぞく、彼女のかわいらしい耳に息を吹きかけると、「あんっ！」と薫さんの女らしい肢体がくねりました。

耳たぶを唇ではさんで、耳の穴に舌先を這わせていくと、「イヤ……はッ、あん、はうぅっ」という透き通るような声が、私の鼓膜をふるわせました。

「ダメよ、年上の女をからかわないで」

薫さんが両手で私の胸を押し返そうとしました。

「からかってなんかいません！」

そう言って私は、彼女の肩に回していた腕の力をギュッと引き締めて、その勢いで口をふさいでしまいました。薫さんの唇は、マシュマロのように柔らかく、温《ぬく》もりに満ちて、しっとりと濡れていました。

「んぐっ、むうう」

すると、私を押し返そうとする腕から、フッと力が抜けたんです。恐るおそる唇を離すと、彼女はうるんだ瞳で正面から私を見つめて、こう言いました。

「誰とでも……こんなことする女だと、思わないでね」

そして、うるんだ瞳が、ゆっくりと閉じられていったんです。

私は再び唇を重ね、舌先で薫さんの唇を広げました。ヌルッと舌が入ると、薫さんのなめらかな舌がまとわりついてきました。密着した唇の間で、二人の舌が絡まり合って、またたく間に唇がねばり、口角が泡立ちました。

「グジュジュ、ふぐぐぅ、ブジュッ」

むさぼるようなキスをしながら、私は、洋服の上から薫さんの体に手を這わせていきました。背筋、脇腹、腰回りをなで回して、むっちりと丸いヒップを手のひらで包み込んだんです。フレアスカートの奥に、つき立ての餅のような肉が息づいていました。

私は興奮で震える指先を、ムチムチのお尻にムニュッと一気に突き立てました。

薫さんの全身が、キュンと背伸びをするように弾みました。

舌で口内をかき回しながら、左右のお尻の肉に指を突き立て、円を描くようにこね回しました。立ったまま抱き合う薫さんの両手が、私の背中をなで回しました。ひしめき合う唇の間から、悩ましげな息づかいが洩れていました。

「んぐっ、むふ、はうぅん」

あまりに気持ちいいもみ心地から、私は指を離すことができませんでした。熟れたヒップのエッチな感触に興奮して、指の間からムニュッ、ムニュッと肉がはみ出すほどもんでしまいました。薫さんの下半身が困ったようにうごめいていました。

「ね、ねえ、どうして、そんなにお尻ばっかり……」

「だって薫さんのお尻、すごく柔らかくて、気持ちいいんです」

「よくわからないけど……小林くん、お尻フェチなの？」

そう言われてカッと顔が熱くなった私は、照れ隠しのように、これでもかとお尻の肉に指先を埋めて、ヒップの割れ目が閉じ開くほどもんでしまいました。

「あッ、あッ、そんなに……広げちゃダメ」

激しくもみまくる私の指から逃げるように、薫さんの腰が右往左往しました。

「そ、そんなに、お尻ばっかりさわられたら、恥ずかしいわ」

「お願いです、もう少しだけ……さわらせてください」

言いながら私の指先は、スカートの下にショーツのラインを感じていました。

「う、うん、いいけど……」

手探りでショーツのラインをお尻の中心に寄せていきました。

「な、何を、してるの？」

ヒップの肉がブルンと弾け、ショーツが割れ目にハマっていました。私はスカートの生地ごと細くまとまった下着に指をひっかけて、引っぱり上げたんです。

「あっ、イヤ、食い込んでる！」

何度も、何度も、引っぱり上げて、ショーツを割れ目に食い込ませました。

「ダメッ、そんなに……あッ、あッ、すごく！」

引っぱるたびに薫さんの両脚が伸び上がり、背中がそり返って、顔が天井をあおぎました。股間にまでショーツがえぐり込む様子が、指先に伝わってきました。

「ダメ、ダメだってば……すごく、奥まで来てる」

ひも状になったショーツがヴァギナまで食い込んで、クリトリスも膣口もアナルも摩擦しているのでしょう。もう後戻りはできませんでした。私はこれでもかというほどショーツを引っぱって激しく動かし、股間の割れ目にこすりつけました。

「そ、そんなにしたら……か、か、感じちゃう！」

私はクラッとするほど興奮しました。薫さんが快感を口にしたんです。それが恥ずかしかったのか、彼女は首筋まで赤く染めて、自分から唇を重ねてきました。

「ブチュッ、グチュ、はぅ、ジュル……」

お互いに大きく唇を開けて、舌を突き入れたり、絡め合ったりしました。またたく間に口の周りがねばっていきました。二人の唾液が混じって、ダイニングの床に垂れ落ちていきました。私はその間も、ひも状のショーツを引っぱりつづけました。

「ど、どうしよう……腰が動いちゃう」

いつの間にか、薫さんは私の手の動きに合わせて、腰を前後に振り動かしていたんです。その腰つきがなんともエロチックで、私は鼻血が出そうでした。

「薫さん、テーブルに手を着いてくれませんか」

薫さんは困った少女のような表情で、うるみきった瞳を向けてきました。

「ど、どうして、そんなこと……」

そう言いながら、私の言うとおりに、丈夫そうなダイニングテーブルに両手を着いてくれました。フレアスカートをまるまると盛り上げるヒップが、もどかしげにうごめいていました。すかさず私は、スカートのすそをまくり上げました。

「キャッ！　や、やめて……」

食い込んだショーツの左右に剝き出した生尻が、透き通るように白い肌をしていました。きめ細かい肌をなで回すと、しっとりと吸いついてきました。

「はぁう、なんか、いやらしいさわり方」

私はなで回しながら、ゆっくりとしゃがみ込んでいきました。思ったとおり、ひも状になったショーツは、完全にヴァギナに埋没していました。愛液にまみれたサーモンピンクで肉厚の小陰唇が、ぱっくりと布地を包み込んでいたんです。

「いやッ、見ないでッ……恥ずかしぃ」

そう声を発したわりに、薫さんは、またしてもジッとしていてくれました。金木犀《きんもくせい》とチーズをミックスしたような、女性の香りが鼻の奥で渦を巻きました。

「薫さん、すごくエッチなにおいがします」

私は鼻で深呼吸するようにして、思いきりにおいを吸い込みました。

「いやぁっ……か、かがないで」

それから真っ白いヒップの肌を舌で舐め上げました。汗まで甘い薫さんの味が、口の中に広がってきました。左右の生尻をたっぷりと舐め回してから、裏腿、内腿と舌を這わせました。薫さんの下半身がブルブルと震えていました。

「小林くん、さっきまでと、別人みたい」

切なげなつぶやきを聞きながら、食い込んだショーツをヴァギナの割れ目から引きずり出しました。クロッチ部分に絡まった小陰唇が、布地を追いかけるように伸び上がって、引き離された瞬間、糸を引いてぱっくりと開いたんです。

「ね、ねえ、イヤだって、見えちゃう」

後ろ手に回してきた薫さんの右手を押さえ込んで、ショーツを一気に足元まで引きずりおろしました。そして、間髪を入れずに股間の中心に顔を埋めたんです。

「いやぁっ、あぁぁぁっ！」

密着した私の唇が、肉厚の小陰唇とキスをしているようでした。激しく揺れる薫さんの下半身の動きで、粘膜同士がヌルヌルとこすれていました。それから舌を突き出して、入り組んだヴァギナの粘膜の中に埋め込み、かき回しました。

舌先で割れ目をかき分け、固まりきったクリトリスを探り出しました。

「ひぃっ！　そこ……そこよ」

薫さんのヒップが上下に弾んで、硬いクリトリスが舌先で暴れているようでした。

私は汗ですべる生尻の肉に指を食い込ませ、弾むヒップを抑え込むようにもみくちゃにしながら、顔を左右に振ってクリトリスと舌をこすり合わせました。

「あ、あっ、そんな……いやらしぃ」

薫さんは立ちバックの体勢だったので、背後にしゃがんでクリトリスを舐める私の鼻の先では、ヒクヒクと膣口がうごめいていました。ヌプッ、ヌプッと鼻の頭を押し込みながら、舌先でこり固まったクリトリスを下から上に舐めつづけました。

「あぁぅっ、いやらしいってば、小林くん」

膣口から溢れ出すねばり気の強い愛液が、小鼻を伝わり唇から顎まで濡らしていきました。薫さんがダイニングテーブルに上半身を突っ伏して、ヒップを突き出してきました。膝を屈伸させて、「もっと」「もっと」というように押しつけてきました。

私はどんどん振幅が大きくなる薫さんの下半身に、夢中で食らいつきました。次から次へとわき出てくる愛液をしゃぶり、ことさらに淫らな音を響かせました。

「イヤイヤ、そんな音……興奮しちゃう」

薫さんの太腿が激しく痙攣しはじめました。私は、両側から指でクリトリスを剝き出し、ひきつるほどに舌を突き出して、何度も弾き上げました。

「ああっ、いい……もっと」

とうとう薫さんが自ら求めてきました。私は自分の鼻先に、右手の指を持っていって、膣口を探りました。迷うことなくそのままヌルッと埋まってしまいました。

「あうッ！　入れちゃ……」

膣の中は火傷しそうなほどに熱く、ウネウネとうごめいていました。薬指も加えて二本の指を根元まで入れて、ゆっくりとかき混ぜました。二本の指を膣の中でらせん状に絡めたり、Vに広げたり、グルグルと回転させたりしました。

「あぁ、いい、いいッ、すごい！」

指の関節を曲げたり伸ばしたりして、Gスポットを引っかくように刺激すると、膣口の粘膜が締めつけるように収縮を繰り返してきました。

「そんなふうに、されたら、私……」

薫さんが快感を訴えるように、ショートの髪をイヤイヤとゆらしました。

「小林くんのオチ○チンが、欲しく……なっちゃう」

もう私もたいがい我慢できなくなっていたので、指を抜いて立ち上がりました。

すばやくズボンとトランクスを脱ぎ去ると、さわってもさわられてもいないのに、私のペニスは天井に向かってそり返り、亀頭が我慢汁でヌルヌルになっていました。

そのまま私は、立ちバックの体勢で待ち受けている薫さんのヴァギナに、亀頭をあてがっていきました。すると、薫さんの右手が自らのヒップの下、開いた太腿の間から背後に伸びてきて、私のペニスを握り、亀頭とヴァギナをこすりつけたんです。

「ほら、私の……欲しがってるでしょ」

私は薫さんのウエストを両手でつかんで、脚を踏ん張り、ヌルッ、ヌルッとペニスを入れていきました。淫らな挿入シーンが眼下に丸見えでした。

「はっ、はっ、全部……入りました」

自分をじらすように、大きい振幅で、ゆっくりと出し入れさせました。サーモンピンクの小陰唇が、ペニスをむさぼるようにうごめき、膣粘膜が締めつけてきました。

「はうぅっ、太くて……き、きつい」

薫さんが両腕を突っ張って、背筋をそらし、ヒップを突き出してきました。

「いっぱい入れて、奥まで突いて」

私はつかんだウエストを引き寄せるようにして、ピストンのスピードを上げていきました。出入りするペニスに愛液が絡み、挿入部分が泡立っていきました。

「あッ、あッ、ああぁうっ!」

薫さんが母子の部屋だということを忘れたように、大きい声を出しはじめました。すかさず私は、続けざまに腰を振り込み、グチャッ、グチャッと愛液がしぶきを上げるほど激しく、根元まで突き入れました。

「す、すご……いぃ、ひっ、ぐうぅっ!」

薫さんが脚を踏ん張り、髪を振り乱して、ヒップを突き出してきました。つき立ての餅のようなお尻の肉に、びっしりと汗が浮いて、ヌルヌルにすべっていました。

私は亀頭が膣口から顔をのぞかせるまで引き抜き、一気に突き刺しました。

「ダメェッ、は、激し……気持ちいぃっ」

淫らな粘着音と肉のぶつかる破裂音が、ダイニングルームに鳴り響きました。

「こんな、すごい……お、犯されてるみたい」

膣粘膜の中でペニスがさらにそり返り、乱暴なほどの突き入れを繰り返しました。

「ああっ、もっと犯して……いっぱい犯して！」

剝き出しになった二人の下半身は、汗みどろ、体液まみれでした。荒く激しい息づかいが交錯し、絶え間ない薫さんの喘ぎ声が部屋の空気をふるわせていました。

「あぁっ、イッちゃう。イクイクッ！」

薫さんのウエストが折れそうなほどにしなり、むっちりと丸いヒップが突き出されてきました。私は腰を振り込み、大きいストロークの突き入れを連続しました。

「ああぁぁーっ、もおっ、死んじゃう！」

薫さんが弓のように上半身をそり返らせると、ビクビクと肩を弾ませ、髪を振り乱して、何度も絶頂を口にしました。その最中、私も射精していました。

「ぐうっ、はっ、出る！」

収縮するヴァギナの中で、繰り返しペニスがはぜ返ったんです。

強烈な快感に射精後の私が呆然と立ち尽くしていると、薫さんが自らブラウスとスカートを脱ぎ、全裸になって、ゆっくりと振り返ってきました。

「ハァ、ハァ、若いんだから、まだできるでしょ？」

そう言って私の足元にしゃがんだんです。ペニスはまだ硬さを残していました。

「こんなに大きいのが、私の中に入ってたのね」

すると、あろうことか、射精したばかりで精液にまみれ、愛液にコーティングされたペニスに、躊躇なくむしゃぶりついたんです。その表情にいやし系のやさしい美熟女ナースの面影はなく、ふしだらに男を欲しがる痴女のようでした。

「ねえ、まだ欲しいの。すぐに入れたいの」

左手でペニスの根元を握り、チロチロと裏筋に舌を這わせてきました。半勃ちのペニスをしごきながら、袋の裏まで舐め回していました。亀頭を口に含むと、鳩のように頭を振って、ジュブジュブと音を響かせました。泡立つ唾液がペニスの表面を流れ落ちていくときも、ずっと薫さんのうるんだ瞳が私を見つめていました。

「私ね、小林くんが思ってるより、ずっとエッチなのよ」

そう言うと、薫さんは絨毯敷きのリビングルームに移動していったんです。そこで四つん這いになって、上半身を床に突っ伏し、お尻を突き上げました。それは、むっちりと丸いヒップだけが突き上がる、メス猫のようなポーズでした。

「どう？　小林くん……恥ずかしい格好でしょ」

今度は薫さんが別人のようでした。ヒップをくねらせて私を挑発していました。

「こんな、いやらしいバックが、いちばん好き！」

私のペニスにもすでに芯が入り、射精前のようにそり返っていました。

「このまま、動物みたいに……チ○ポを入れて」

私は夢遊病のように薫さんの背後に近づいて、グジュッと一気に貫きました。そして、結局、朝までに三発、私は空っぽになるまでしぼり取られたんです。

翌朝、日勤の薫さんといっしょにマンションをあとにしました。

あんなに激しく乱れたというのに、薫さんは元気でした。淫乱な熟女とは別人のようにやさしいナースの顔に戻っていました。今日も彼女はあの街で、そしてあの部屋で、お子さんといっしょにけなげに生きていることでしょう。

田舎の未亡人の素朴な美しさに惹かれ魅力的な大きなお尻に後ろからハメて

三上礼司　美術講師・三十五歳

画家として食べていければいいのですが、なかなか難しいので、ふだんは大学の美術講師をしています。忙しくて自分の作品を描く時間もなく、いつもなんとなくストレスが溜まっているのですが、そんな私にとってなによりの息抜きは、年に一度の旅行です。水彩画の道具とスケッチブックを持っていろんなところへ行き、一週間ほど滞在して気に入った風景の水彩画を描き、それをもとにして、あとで本格的な油彩画にするのです。わずらわしい日常から解放されて、絵と向き合える貴重な日々です。

そしてこれは数年前に、ある地方へ出かけたときの出来事です。

山陰地方のある山間の農村風景がすっかり気にいってしまった私は、旅館に泊まり、毎日あちこちでスケッチをしました。いまではすっかり珍しくなった昔ながらの田舎で、村人も人なつっこくて、数日間もスケッチを続けていると、みんな私の顔を覚えてくれて、そのうち挨拶をするようになりました。飾り気のない素朴な人たちとのささやかな交流に、私もすっかり心温まる思いでした。

二日目に、ある女性に気づきました。五十歳過ぎに見えましたが、そんな田舎の風景に似合う、素朴な美しさを持った人です。

私はその人の後ろ姿を絵に描き込んでみました。とてもいい絵になり、油絵で仕上げるときも、その人の姿を描こうと思いました。そのせいもあって、翌日からは絵を描きながら、彼女が通るのを待つようになっていました。

そのうち彼女のほうも、毎日同じ場所で絵を描いている見慣れない風体《ふうてい》の男に気がついて話しかけてくれました。旅館で作ってくれた弁当を開いていると、わざわざお茶を持ってきてくれるようになり、いかにも田舎の人の素朴な優しさが感じられて、私はとても穏やかな気持ちになりました。

だから、そんなことが何回か続いたあとで、

「毎日旅館の弁当では飽きるでしょう。よかったら、うちで田舎の素朴な食事でもいかがですか。私は数年前に主人を失くして一人ですのでね」

と恥ずかしそうに誘ってくれたときも、ごく自然に、まるで古い友人のように「じゃあ、お言葉に甘えて……」と答えていたのです。

いま考えてみれば、そのとき私の中に下心がなかったとは言いません。未亡人だと知ったとき、私は自分が衣服の下に隠れた彼女の肉体を妄想したのを覚えています。職業柄、女性のヌードは見慣れているのですが、そのときはもっと下世話な、卑しい欲望がわいたのは確かです。田舎の素朴な女性はどんな淫らな肢体をしてるのか、どんな男でも興味があるのではないでしょうか。

もちろん、顔にはそんな気持ちは出さず、絵の道具を片づけて彼女についていきました。道すがら彼女が、奈津江《なつえ》さんという名前であることを教えてくれました。なくなったご主人はいわゆる「半農半サラ」という人だったらしいのですが、いまは奈津江さんがこまごまと農業しながら、ご主人が残した蓄えと都会にいる子どもたちからの仕送りで暮らしているとか。田舎の人らしくなんでもおおらかに話してくれる奈津江さんに、私も心を開いて自分のこともあれこれ話しました。

「田舎ならとっくにお嫁さんもらってる年齢なのに、おさびしいですね」

野菜中心の田舎の食事をしながら話していると、なんだか夫婦のような気分にもなります。奈津江さんも、こうやって男性と食事するのは何年ぶりだろうと言って喜んでいました。

「先生の絵の中に、私の後ろ姿が描いてあったでしょう」

「はい、あまりにもステキな後ろ姿なので、つい描かせてもらいました」

「それはいいんですけど、私ってお尻が大きくないですか？　死んだ主人によくからかわれたんですよ。だから後ろ姿って、なんだか恥ずかしくて」

「奈津江さんのセールスポイントですよ、ご主人もそのお尻に惚れたんでしょう」

「やだ、先生、なんかエッチなこと言ってません？」

じつは食事しながら、少しだけ二人で地酒を飲んでいました。そのせいもあって、いつの間にか奈津江さんの顔がほんのり赤くなり、さっきまでよりも色気が増していました。それだけではありません。正座しているのに、お尻をもじもじ動かして、なんだか誘っているように見えました。

「私は絵を描くのが仕事ですから、裸婦なんかもよく描くんですよ。だから女性の体は服の上からでもよくわかるんです。奈津江さんのお尻はとてもいい形をしていて魅力的だと思いますよ」

軽い酔いもあって私が思いきってそんなことを言うと、奈津江さんは、まんざらでもない顔をしました。

「絵描きの先生にそんなこと言われたら、なんだかうれしいです。エッチな目線じゃなくて、芸術家の目線なんですものね。こんな年齢ですけど、自信がつきます」

「そんな年齢だからこそにじみ出る魅力もあるんですよ」

そんなようなことを言いながら、奈津江さんのことをほめちぎったのを覚えています。もちろん嘘ではありません。本心でした。確かに奈津江さんは、すばらしく均整のとれた、魅力的な体をしていると思いました。ただ、そうやって会話しているうちに、私の中に、画家としてではなく、一人の男としての不謹慎な欲望が少しずつ沸き上がってきたのも確かです。

「うれしいわあ。東京の絵描きの先生にそんなこと言われて」

奈津江さんも地酒のピッチが少しずつ速くなってきました。酔ってはいないかもしれませんが、首筋まで赤く染まってきて、いかにもそそります。きっともう全身が赤く染まってるのではないだろうか。気がつくと私は奈津江さんの肉体を服の上から目線で犯していました。

「もしかして先生、さっきの絵の中に私の後ろ姿を描いてるときも、お尻ばっかり見てたんでしょう?」

「わかりますか?　じつはそうなんです」

「先生のエッチ」

「なんなら、ナマでも見てみたいですよ、奈津江さんのお尻」

「え？」

冗談を言い合っているうちに、ついポロリと出てしまった私の大胆な申し出に、心底びっくりした奈津江さんの顔をよく覚えています。でもそれはいやがっている表情ではなく、むしろ喜んでいるように見えました。

「こんな年齢になっても、しかも未亡人の私が若い男性にそんなふうに言われるなんて、なんか恥ずかしいのに、うれしいです、先生」

「え？　じゃあ、ほんとうに見せていただけるんですか？」

この場合、どんな男でも、ものは試しでそう言ってみるのではないでしょうか。もしダメでも冗談としてすませることができるし、もしうまくいけば、肉感的な未亡人のお尻がナマで拝めるのです。私は画家でも美術教師でもなく、一人の男としての欲望を抱きながら、そう口にしてみました。

すると、奈津江さんは両手で頬を押さえながら恥ずかしそうにうつむきました。

「芸術家にそう言われたら、見せないわけにはいきませんよね。先生、見るだけですよ。エッチな気は起こさないでくださいね」

「もちろん、約束しますよ」

奈津江さんはゆっくり立ち上がると、後ろ向きになりました。

ゆったりしたスカートをはいていますが、お尻のボリュームが十分に伝わってきます。奈津江さんはなぜかお尻をくねくねさせながら、ゆっくりとスカートをまくり上げました。

「先生、私のお尻、こんな感じです」

目の前に白いパンティに包まれた大きなお尻が現れました。思った以上に大きくて丸いお尻でした。パンティの布地がピチピチに張っていて、それがなんともそそります。私は思わず吸い寄せられそうになりました。

「奈津江さん、すてきです。見事です。想像以上ですよ」

「やだ、先生、言わないで」

「ねえ、下着もおろしてみてくれませんか」

ダメ元で言ってみると、奈津江さんは両手でパンティの端をつまみました。

「そんなあ、先生、ナマで見たいんですか？　もう、先生ったら」

口ではそう言いながらも、奈津江さんは自分でパンティをおろしました。白いお尻が露になって、周りが一気に明るくなったようでした。それは卑猥な肉がピッチリ張り詰めた巨尻でした。まるまるとした肉のふくらみ、その真ん中に走る割れ目、そして割れ目の中央にはアナルの色の変化がかすかに見えています。まさにワイセツそのものの未亡人のお尻に、私は息を呑みました。もちろん、私のイチモツはズボンの前の部分を突き破らんばかりにいきり立っていました。

「奈津江さん、すごいです。完璧ですよ。こんなの初めてです」

「ああ、ダメ、そんなこと言わないでください。へんな気分になるから」

でも私はもう自分を抑えることができなくなっていました。

見るだけという約束だったのに、両手でそのムッチリした尻肉にふれ、なで回し、その弾力を味わいました。拒絶されないだろうという確信がありました。なぜなら、その卑猥なお尻が、愛撫してくださいと誘っているように見えたのです。

「ダメ、先生、そんな……」という声を聞きながら、私はお尻の丸みを確かめるようにさわりました。尻肉を左右に広げてアナルを確かめたりもしました。色づいたアナルはそのまま秘密めいた性器に続き、そこがもう湿っているようにも見えました。

「男の人にお尻をさわられるなんて、もう何年ぶりだろう」

「もったいないですね、こんなにステキなお尻なのに」

「こんなおばさんのお尻なんか……」

「ちょうどいちばんいいときですよ、とてもそそります」

そんなやりとりをしながら、私は尻肉にキスをして舌を這わせました。奈津江さんの息づかいが荒くなり、もう言葉を口にする余裕もないようでした。

私はすべてが見たくなって、奈津江さんを四つん這いにしました。ちょっとだけ抵抗しましたが、奈津江さん自身もう我慢できないようでした。

「ああ、恥ずかしい……」

床に手をつき、そのままお尻を高く突き上げた姿になった奈津江さんのそこは、お尻の割れ目が開ききってアナルが丸見えになり、さらに女性器の部分もほとんど見えていました。複雑な肉の入り口がかすかに開き、ピンクの中身が誘うようにのぞいています。そこはもうさわらなくてもビッショリなのがわかりました。

「奈津江さん、もう我慢ができません。いいですよね？」

返事も待たずに、その部分に顔を近づけました。アナルのかすかな異臭をかいで、性器のにおいもかいで、久しぶりの女のエキスを吸い込んで頭がしびれたようになった私は、そのまま舌を出して性器の肉ひだの間に差し込み、愛液を味わいました。

「そんな、お風呂も入ってないのに」

「いいんです、これが好きなんです。ナマの奈津江さんがおいしいんですよ」

「そんないやらしいこと言わないで」

舌先で奥をまさぐると、奈津江さんは吐息を洩らしてお尻をふるわせました。そのままアナルのほうへと舌先を移動させ、アナルをなぞり、その中心部分をツンツンと刺激しました。驚いたように収縮するアナルがとても卑猥でした。私は性器とアナルとを行ったり来たりして味わいました。奈津江さんは、もう言葉にならないような「おお……」というような声をあげて床をかきむしりました。どんどんお尻を突き出すものだから、性器もアナルもすっかり開ききってしまい、完全に無防備になってしまいました。衣服を身につけたままなのに、下着だけ脱いで、その部分だけを丸出しにしている未亡人の姿は、あまりにも刺激的すぎました。

「先生、おかしい、私、へんになります」

「なってください。どんどんおかしくなっていいですよ」

「私、こんなの久しぶりなんです。アソコがジンジンします。自分の体がいまもこんなふうになるなんて思いませんでした」

「奈津江さん、私ももう我慢できません」

私はズボンとパンツをおろしました。会って間もない未亡人の前で性器を出すのがとても不思議な感じでしたが、久しぶりにいきり立った私のものを目にして、奈津江さんの目がうれしそうに光るのがわかりました。

「先生、すごい。そんなになってるんですね」

「奈津江さんのアソコとお尻を味わってるうちに、こうなっちゃいました」

「うれしい、私の体でそんなふうになってくれる男性がいるなんて」

まさにむしゃぶりつくという感じで奈津江さんは私の股間に顔を寄せて、そのまま勃起した性器を口に含みました。そしてそのまま大きさや硬さを確かめるようにじっとしていましたが、やがて口を離すと「ほんとに立派ですね」と言って、またすぐに咥えました。そして今度は、舌を動かしながら頭を前後に振りはじめました。

性器を締めつけてくる唇の感触、口の中で動いている舌、それがもう絶妙でした。それほど女性との経験が豊富なわけではありませんが、奈津江さんがすごくテクニシャンだというのがわかりました。まさに愛しむようにして性器を口で愛撫しながら、指先で睾丸をさわって刺激してきます。その様子を見おろしながら、私は早くも挿入したくなってきました。

「奈津江さん、このまま口に出してしまいそうです」

「そうしたかったら、そうしてください。私はいいですよ」

「でも、奈津江さんの中にも入れたいんです」

「いいんですか？　入れてもらえるの？　こんな未亡人のおばさんですよ」

「いいんです、奈津江さんと一つになりたいんです」

「先生、うれしいこと言ってくださるんですね」

奈津江さんはさらに激しく頭を動かしながら、ジュボジュボと音を響かせながら、私の性器を刺激してきます。このままではほんとうに口の中に発射してしまうと思いました。射精寸前で私は急いで口から引き抜きました。

「いいでしょう、奈津江さん？　入れさせてください」

「どうぞ、私の下のお口を好きにしてください」

そう言って奈津江さんはあらためて四つん這いになりました。

性器とアナルがさっきよりもぬらぬらと濡れて光っていました。私の挿入を待っているようです。奈津江さんの唾液がまぶされた男性器の先端をそこにあてがいました。奈津江さんのひだが、誘うように開き、同時にアナルもうごめきました。

ゆっくりと挿入していくと、奈津江さんは「あああ……」という声を洩らし、お尻をふるわせました。私のものがきつい締めつけの中に呑み込まれていき、全部呑み込んでしまうと、しばらくそのままにして未亡人の熱い肉の感触を味わいました。

「全部入ったんですね」

「入りましたよ。私たち一つになりましたよ」

「うれしい。この年になって、まだこんなことがあるなんて。若い男性のモノで私のアソコがいっぱいになるなんて思ってなかった」

「動きますよ」

「お願い、最初はゆっくり」

両手でお尻を抱きかかえるようにして前後にゆっくり腰を動かしました。

濃厚なピンクの柔肉が私の男性器を咥え込んでいるのを見ながら出し入れすると、その肉が巻き込まれたり広がったりしています。その、いかにも出したり入れたりしているという感じの女性器のうごめき方を、いまもよく覚えています。しかも、同時にアナルまで反応してヒクついていました。

奈津江さんは久しぶりのセックスだったようですが、じつは私のほうも何カ月ぶりかの行為でした。久しぶりに見る男女の性器同士の絡まりは、いかにもエロくて衝撃的でした。

へんな言い方ですが、私は絵を描くことを職業としていながらも、このいやらしさは、とてもじゃないが絵には表せないなあ、なんて思っていました。

「すごい、先生の大きさと硬さがすごくよくわかります」

奈津江さんは、さっきよりも昂った声をあげました。

「死んだ主人のより、ずっと大きい。こんなすごいの初めてです」

「奈津江さんのここも窮屈ですごくいいですよ」

私は素直にそう言いました。

「すごく締めつけてくるし、中は熱くてとろけそうです」

「うれしい、主人はそんなふうに口に出して言わない人だったから、私、自分の体がどうなのか全然わからなかったんです。先生、そんなにいいですか？」

「すごくいいですよ。きっとご主人も満足してたと思います」

「それ聞いて安心しました。先生は優しいんですね。ねえ、少しずつ激しくしてほしい。奥を突くようにしてもらえませんか」

色っぽい声でそう言いながらお尻を振っておねだりする奈津江さんのアソコからは、濃度を増した液が溢れていました。

腰の動きを少しずつ速くすると、私のペニスの回りからジュルジュルと音を立てて液がこぼれ落ちてきます。濃厚な愛液をかき出すようにしてピストンすると、奈津江さんは、少しずつ本気の声になり、畳を両手でかきむしりながら、お尻を振り立てます。性に飢えた未亡人というのはこんなにも激しいものかと思うほど、乱れはじめた奈津江さんは、まるで別人のようになって吠えるような声をあげはじめました。

「ねえ、お願い、今度は前からして」

長い時間バックから突きまくっていた私は、そう言われていったん引き抜き、そして今度は正常位で一つになりました。

激しくキスしながら腰を動かすと、奈津江さんはもっと淫らな声をあげて全身で感じはじめました。バックのときとは違う締めつけ方をされて、私のほうも思わず声が洩れてしまうほどの快感でした。

「すごくいい、先生のアレ、ぶっとくて奥まで届いてる。ああ、こんな気持ちいいの久しぶり。私、狂っちゃう」

すっかり地を出し、方言丸出しにして悶えまくる奈津江さんの姿は、まさに想像を超えていました。セックスのとき、女性はこんなにも大きな声を出すものかとあらためて驚きました。静かな農村でこんな声をあげたら、近所にも聞こえてしまうのではないかと思うのですが、でもそういうことを気にしないのが田舎のよさなのかもしれません。

そのうちもう絶頂が近いのか、土地の言葉で女性器や男性器のことを口にしながら大きな乳房をユサユサ揺らしまくり、激しく舌をからめてきました。

「先生、私もうダメ。ねえ、中に出して」

「え？　いいんですか？」

「いいの、もう心配ないから、濃厚な汁をいっぱい流し込んでください、ケダモノみたいに見境なく先生のタネ汁を私の中にぶっかけてほしいの」

まさにケダモノでした。男と女というよりはオスとメスになって、性器を摩擦し合い、汗と唾液まみれになって、いよいよ最後を迎えました。

「出しますよ」

「出して、いっぱい注ぎ込んで、お願い」

イクイクイク……と何度も繰り返しながら全身をビクビク痙攣させる奈津江さんの中に、そのまま熱いのをどっぷり何度も発射しました。

その勢いを味わうように目を閉じて、奈津江さんも達したようです。

夢のようなひとときでした。まさかそんなことになるとは思っていませんでしたが、奈津江さんはすっかり満足した顔でした。

「先生、女の喜びを思い出させてくれて、ありがとうです」

そうつぶやいたのをいまもよく覚えています。

その後も私は同じ場所で絵を描きつづけ、日が落ちると奈津江さんの家に行って、肉弾戦のようなセックスを楽しみました。絵が完成してその村を離れるまで、それが続きました。あとにも先にも、そんな経験はそれ一回きりです。

いまでも奈津江さんのことをよく思い出します。あのあからさまなセックスを経験してから、私の描く絵は少し変わったような気がします。そういう意味では、奈津江さんとの出会いはとても大切なものです。

機会があれば、もう一度あの村を訪ねてみたいと思っていますが、あれはあのときだけのいい思い出として大切に秘めておきたい気もしています。

第四章

夏の女体は繰り返し昇りつめて

マッチングバスツアーに参加した私はその晩意中の淑女といっしょにお風呂に

中井達郎　会社員・三十九歳

私は三十九歳の独身の会社員です。四十歳までには結婚したいと思って婚活をしていましたが、もうタイムリミットが迫ってきました。そこで最後のチャンスと思い、三十代、四十代を対象にしたマッチングバスツアーに参加してみたんです。

それは参加者、男女十人ずつの二十人で行く、泊まりがけのバス旅行です。一日がかりで観光地を回ったり、おいしいものを食べたりするのですが、移動の途中でバスの座席を何度も交代して、全員と話せるようにしているんです。

丸一日いっしょに過ごすわけですから、二時間ほどの婚活パーティでは自分のよさをアピールできなかった私も、なんとかできるのではないかと期待していました。

そして、いざ参加して気づいたことは、中年を対象にしたマッチングバスツアーといっても、やはり人気があるのは三十代前半の若い男女です。

特に男は少しでも若い女を狙いたがり、三十一歳の看護師の女性が一番人気でした。座席を順番に交代していくとき、彼女が横に座ると、どの男もみんな鼻の下を伸ばして、自分がどれほど仕事ができるかとかの自慢話を繰り広げるのでした。

もちろん私も看護師の彼女はかわいいと思いましたが、見た目も性格も服装も派手で、結婚相手としてはどうしても見ることができませんでした。

そんな私が気になっていたのは、最年長の真理子《まりこ》さん、四十九歳です。彼女はバツイチで、現在は飲食店の厨房で働いているということでした。

真理子さんは優しくて、気配りができて、包容力があって……。年齢のせいもあるのか、ほかの女性たちとは明らかに違う空気を漂わせていたんです。

三十九歳まで独身だった私は、やはり少し甘えん坊なところがあるんです。そんな私にはお姉さんぽい真理子さんがぴったりなのでした。

私の好意が伝わったのか、徐々に真理子さんと視線が合うことが多くなり、途中で立ち寄った水族館では、ほとんどいっしょに見て回って、まるでデートのような気分になってしまいました。

そして夜、宿泊先のホテルでのディナーショーでダンサーによるショーを楽しんだあと、最後の仕上げは参加者全員でナイトプールに繰り出してのフリータイムです。

その日はとても暑かったので、夜でもまだ昼間の熱気が残っていて、水に入るとすごく気持ちいいんです。それに、ナイトプールなんてオシャレな場所に行くのは初めての経験だったので、私はまるで夢の中にいるような気分になりました。

にぎやかな音楽が流れ、水の中を原色のライトが照らし出し、ツアーの参加者たちと水着姿で騒ぐのは楽しいものでした。でも、参加者たちのほんとうの目的は、体つきの確認です。ミスコンなどの水着審査のようなものなのです。

暗いプールの中、男は女性の胸の大きさや腰のくびれ具合などを真剣な目で観察し、女性も男性の股間のモッコリの大きさや、腹回りの贅肉の量によって成人病のリスクなんかを推測しているようでした。

私は真理子さんの水着姿を楽しみにしていたのですが、彼女の姿は見えません。

水着になることに抵抗がある人は、無理にプールに入らないでもいいというルールがあったんです。参加者は中年ばかりですから、肌を出したくない、体のラインを見られたくないという女性もやはりいるようで、そういう人は着衣のままプールサイドに座ってお酒を飲んだりしているんです。

だけど真理子さんの姿はプールサイドにもありませんでした。心が浮き立つようだったナイトプールも、真理子さんがいないと思うと徐々に色あせたものに感じられていきました。

そんな思いから、楽しげに騒いでいる参加者たちから少し距離を置いてぼんやりしていると、背後に何か気配を感じたんです。なにげなく振り返ると、プールサイドに立った真理子さんがあたりを見回し、水の中にいる誰かを探しているようでした。

真理子さんは黒いビキニ姿で、着衣の上から想像していたとおり、胸もお尻も大きくて、すごく色っぽいんです。私は思わず、プールの中から手を振っていました。

「真理子さん！　ここです！」

そう叫んでから、真理子さんが探していたのは私ではないかもしれないと不安になりました。でも、私に気づいた真理子さんはにっこりと微笑んで、まるでお風呂に入るときのように慎重に水に入り、私のほうへと泳いできてくれました。

「遅くなってごめんなさい。水着になるのが恥ずかしくて、プールに入るのはやめとこうかと思ってたんだけど、やっぱりこういうことは楽しんだ者勝ちなんじゃないかと思い直したの」

「そうですよ。楽しんだ者勝ちです！　さあ、泳ぎましょうよ」

私は真理子さんの手をつかんで、水の中を歩きはじめました。

「これって、泳いでるっていうより歩いてるんじゃないの？」

「あ、ほんとだ」

「中井《なかい》さん、最高。ほんとにおもしろい人ね」

私たちは笑い合い、その後も二人でナイトプールを堪能しました。

そうやってひとしきりナイトプールで遊んだあと、プールサイドで告白タイムです。イベント主催者が一人ひとり意中の人を聞いて回り、それを集計して、見事マッチングした場合だけ、カップルの誕生を発表するんです。もちろん私は、主催者に真理子さんを気に入ったと伝えました。

そして、運命の結果発表です。

三組がカップル成立ということで順番に発表されていきました。一組目も二組目も私と真理子さんの名前が呼ばれることはありませんでした。

残り一組です。ハラハラドキドキしていると、なんと私と真理子さんの名前が呼ばれたんです。

私は思わず「やった！」とガッツポーズを取ってしまい、真理子さんは恥ずかしそうに下を向いてしまいました。それでもうれしそうなのは伝わってきて、私はほんとうに幸せな気分でした。

カップル成立した場合は、ツインルームに二人で泊まることになっていました。大人向けのマッチングバスツアーならではの趣向です。

もちろん、いきなり二人で泊まるのはいやだという場合は、主催者にそう伝えれば別々の部屋にしてもらえることになっています。

「真理子さん、同じ部屋でいいですか？」

私がたずねると、真理子さんは頬を赤らめながら「はい」と小さくうなずきました。

私は今度は心の中で「やった！」とガッツポーズをしました。

そして、主催者から鍵を受け取り、カップル成立しなかった人たちに拍手で送られて、二人で水着のまま部屋に移動しました。

「プールで体が冷えたし、シャワーを浴びましょうか。真理子さん、お先にどうぞ」

「でも、中井さんも体が冷えてるんじゃない？　私が先にシャワーを浴びるのは申し訳ないわ。だからといって、一人で待ってるのもさびしいし……」

そう言って真理子さんはモジモジしてみせるんです。そのとき真理子さんは両手を体の前で組み、ちょっと古いですが「だっちゅーの」のポーズをしてみせるのでした。

黒いビキニ姿なので胸の谷間が丸見えで、それはすごくいやらしい眺めなんです。

私は一気に興奮していきました。

「じゃあ、いっしょに浴びましょうか？」

思いきって私が提案すると、真理子さんは「そうしましょうか」と頬を赤らめて返事をしました。

シャワールームに入った私は真理子さんに背中を向けて、海水パンツを脱ぎました。

「私も脱ぎますね」

背後で真理子さんが水着を脱いでいる気配がします。

「振り向いてもいいですか？」

「ええ。大丈夫です」

私はゆっくりと振り返りました。するとそこには全裸の真理子さんが立っているのでした。ビキニ姿をすでに見ていたので、体のラインは想像どおりのものでしたが、それでも乳首と陰毛が丸見えの姿は刺激的すぎます。

しかも真理子さんの乳首は大きめで、すでに興奮しているのか、それともプールの水で冷えたせいなのか、ツンととがっているんです。

そして陰毛は、かなり濃いほうでした。その手入れされていない様子がなまなましくて、すごくいやらしいんです。

プールで冷えたのと緊張のせいで縮み上がっていたペニスが、みるみる勃起していきました。それを見て、真理子さんは手で口元をおおいながら驚きの声を洩らしました。

「まあ……すごいわ」

「すみません」

「いいんです。さあ、体を洗いましょ」

真理子さんは手にボディソープを出し、それを私の体に塗りたくるようにして洗ってくれました。

ぬるぬるとすべり抜ける真理子さんの手の感触はたまらなく気持ちいいんです。

しかも、真理子さんが手を動かすのに合わせて、豊満な乳房がゆさゆさ揺れているのですから、私は大袈裟ではなく鼻血が出そうになってしまいました。

「ぼ……ぼくにも洗わせてください」

真理子さんが物ほしそうな顔をしていることに気づき、私はあわててボディソープを手のひらに出しました。

「ありがとうございます。じゃあ、洗いっこしましょうね」

真理子さんが胸を突き出しました。私は泡まみれになった手のひらで乳房をわしづかみするようにして洗いはじめました。

ぬるん、ぬるんと私の手のひらから乳房が逃れ出て、そのたびにぷるるんぷるるんと揺れるんです。

「真理子さんのオッパイ、大きくてやわらかくて最高です。それにこの揺れ方……うう……いやらしいです」

「ああん、なんだか恥ずかしいわ。そんなに揺らさないで」

「じゃあ、こういうのはどうですか？」

私は手のひらでこね回すようにして乳首を刺激してあげました。

「その洗い方……気持ちいいかも。はあああん……」

それは本心らしく、もともと大きめの乳首がさらに大きく硬くなっていくんです。

そして、その快感のやり場に困ったように、真理子さんは私の胸のあたりをなで回していた手をすっと下のほうへすべらせて、ペニスを握り締めたんです。

「こっちもちゃんと洗っておかないとね」

そう言うと、真理子さんは握り締めた手を上下に動かしはじめました。

「ううう……気持ちいいです。ああ、真理子さん……」

「はあぁん……すっごく硬いわ。この傘が開いてる部分は汚れが溜まりやすいから、よく洗っておかないとね」

そう言うと真理子さんはカリクビのところを指先で入念にこするんです。

「あっ、そ、そこは気持ちよすぎて……ううう……うう……」

その刺激はほんとうに気持ちよくて、私の腰はひとりでにへこへこと動いてしまうのでした。

「いやだ、中井さん、変な腰の動かし方して……。あああん……いやらしいわ」

「仕方ないじゃないですか。真理子さんの手が気持ちよすぎるんだから。じゃあ、ぼくもお返しです」

私は乳房をなで回していた手を真理子さんの陰毛の茂みの中へと移動させました。

「あっはあああん……」

そこは乳首とは比べものにならないぐらい敏感なようで、指先がふれた瞬間、真理子さんはお尻を後ろに引くようにして内腿をきつく閉じました。だけど、ボディソープにまみれた私の指は、その内腿の奥に簡単にすべり込んでしまうんです。

ぬるりぬるりと割れ目に指を這わせると、真理子さんがペニスを握り締める手の力が強くなりました。

「ダメよ。そこは、ダメ。あああん、気持ちよすぎちゃう……」

「ダメじゃないですよ。ぼくはただきれいに洗ってるだけですから。ううっ……真理子さんのほうこそ、ペニスをそんなに強く握られたら……」

私と真理子さんはお互いの性器を手で愛撫しつづけました。それはもちろん気持ちよくて最高の時間だったのですが、もっと強い刺激が欲しくなってしまうんです。

「ああ、真理子さん、ぼく、もう……」

私はすばやく腰を引きました。

すると真理子さんの手の中からペニスがぬるんと抜け出て勢いよく頭を上げ、下腹に当たって、浴室にパンと大きな音が響きました。

「真理子さん、お尻をこっちへ」

私は真理子さんを後ろ向きにして、お尻を突き出させました。そしてバックからペニスの先端を割れ目に押しつけました。

「あああん、ダメよ、中井さん」

真理子さんはお尻を左右に振って、ペニスが入らないようにするんです。

「ど……どうしてですか？　やっぱりぼくじゃダメですか？」

勃起したペニスをピクピクふるわせながら私はたずねました。

すると真理子さんは私のほうに振り向いて、優しい笑みを浮かべながら言うんです。

「せっかくだから、最初はベッドでしませんか？」

やんわりとなだめられて、私は我に返りました。こんなにガツガツしているなんて、まるで若造です。だけど、真理子さんといっしょだと自分がそんな若造に戻れてしまうことが、私はうれしかったりするんです。

「わかりました。もう少し我慢しますね」

「素直でよろしい」

真理子さんは先生のように言って、シャワーのハンドルをねじりました。熱いお湯が勢いよく降り注ぎ、私たちの体をおおっていた泡を全部洗い流していきました。

そのあと、脱衣所で真理子さんは私の体をバスタオルでふいてくれて、お返しに私も真理子さんの体をふいてあげました。

その間も、私のペニスはずっと勃起したままです。

「まあ、中井さん、元気なのね。やっぱり三十代って男盛りよね」

ギリギリ三十代に引っかかっている状態ですが、そう言ってもらえるのはうれしいものです。

「じゃあ、移動しましょ」

真理子さんは私のペニスをつかんでベッドのほうに歩きはじめました。

「えっ……そ……それ、いやらしすぎますよ。ううう……」

私はペニスをつかまれたまま真理子さんの後ろをついていき、二人はすぐにベッドに到着しました。すると真理子さんはペニスを放し、その場に膝立ちになりました。

「お口でしてあげる」

そう言うと真理子さんは、そそり立つペニスの根元からカリクビのあたりまで、ツーッと舌を這わせました。

「はあううっ……」

舌先がカリクビに到着した瞬間、電流のように快感が体を駆け抜け、私の口から奇妙な声が洩れてしまいました。

その反応がおもしろかったのか、真理子さんはにっこり微笑みながらカリクビのあたりをチロチロと舐め回すと、先端からパクッと口に含んでしまいました。

「ううう……真理子さん……ああ、気持ちいいです……それに……ぼくのペニスを咥えている真理子さんの顔が……あああ、いやらしすぎる……。ああ、いやらしすぎて、すごく気持ちいいです……」

ぬるぬるとしゃぶりつづける真理子さんを見おろしながら、私はそんなことを口走っていました。

「はあぁぁん……今度は中井さんの番よ」

そう言うと、真理子さんはベッドに横になりました。

「ぼくの番？　それって……」

今度は私が真理子さんのアソコを舐めて気持ちよくしてあげる番だということです。真理子さんの言葉の意味を理解した瞬間、ペニスがビクンと脈動しました。

「いいですよ。今度はぼくが舐めて気持ちよくしてあげますよ」

そそり立つペニスを揺らしながらベッドに飛び乗ると、私は真理子さんの両膝の裏に手を添えて、そのまま腋の下のほうに向けてグイッと押しつけました。

「あああん……この格好……恥ずかしい……」

そう言いながらも、真理子さんはされるままM字開脚ポーズを取りつづけています。いいえ、それどころか、自ら両膝を抱えて私に協力してくれるんです。

「ああ、すごい。丸見えだ」

真理子さんの陰毛はかなり濃いのですが、それは恥骨のあたりに生えているだけなので、土手から割れ目にかけては丸見えです。

真理子さんの小陰唇は若干黒ずんでいて、まるでニワトリのトサカのように肥大気味です。それは熟女の魅力満載で、すごくいやらしいんです。

しかも、すでに興奮しているせいなのか、分厚く充血していて、溢れ出た愛液にまみれて、まるでナメクジのようにうごめいているんです。

「もっとよく見せてくださいね」

真理子さんが自分で両膝を抱えてくれているので、私は自由になった両手で小陰唇を左右に押し広げました。

「あっ……いや……恥ずかしい……あああん……」

割れ目の奥の粘膜は真っ赤に充血していて、膣口がまるで陸に打ち上げられた魚の口のようにパクパク開いたり閉じたりしているんです。

「ああ、すごい……すごくいやらしいオマ◯コです」

「いや……見てないで、早く気持ちよくしてちょうだい。はああん」

「ごめんなさい。じゃあ、こういうのはどうですか？」

私は割れ目を左右にひろげたまま、その中心をぺろりと舐め上げました。

「あっはああん……」

両膝を抱えた真理子さんの手に力が入るのがわかりました。

私はさらにぺろりぺろりと舐めつづけ、その舌愛撫を割れ目の端に集中させていきました。そこは包皮を押しのけるようにして、ピンク色の小さなとがりが顔をのぞかせているんです。

小さいなりにパンパンにふくらみ、キラキラ光っているその部分を、私は舌先でくすぐるように舐めてあげました。

「あっ……いい……はあぁん……そこ、気持ちいい……あぁあぁん……」

真理子さんの腰がヒクヒクと動きはじめました。

真理子さんが感じてくれていることがうれしくて、私はただ舐めるだけではなく、赤ん坊が母乳を飲むときのようにチューチュー吸い、ハムハムと甘噛みをしてあげました。

すると真理子さんがいきなり苦しげな声を張りあげました。

「ああ、ダメダメダメ……ああああん……イッちゃう！」

同時に抱えていた腕から両脚がすり抜けて、太腿が私の頭をきつく挟み込みました。

私は真理子さんのアソコに顔を埋めたまま窒息しそうになったんです。

こんな死に方だったら最高に楽しいなと思ったものの、すぐに真理子さんの体から力が抜けていき、彼女はぐったりと四肢を伸ばしました。

「真理子さん、イッちゃったんですか？」

私がたずねると、真理子さんは気怠《けだる》そうに言いました。

「ええ、すごく気持ちよかったわ。だけど、よけいに奥のほうがもどかしい感じになってて……」

「わかってますよ。今度はこれでいっしょに気持ちよくなりましょう」

私はビンビンに勃起しているペニスを右手でつかみ、さらにエネルギーを充塡《じゅうてん》するように上下に数回しごきました。

するとと自分でもあきれるほど硬くなりました。その先端を真理子さんのどろどろにとろけたアソコに押し当てました。

「あああんっ……」

真理子さんが豊満な乳房を揺らしながら体をのけぞらせました。そのときにはもうペニスは三分の二ほどもぬかるみに埋まってしまっていたんです。

簡単に入ったから緩いというわけではありません。少し遅れて膣肉がペニスをねっとりと締めつけてきました。

「あああ、真理子さん……ううう……気持ちいいです」

真理子さんの膣肉がうごめきながら締めつけてきて、その快感に背中を押されるようにして私は腰を前後に動かしはじめました。

「ああああん……いい……気持ちいい……はあああん、奥まで当たるわ。あああん……」

真理子さんは私の背中に爪を立てながら、苦しそうに喘ぎつづけました。その爪の痛みも真理子さんが感じているバロメーターなので、私には快感なんです。

「ああ、真理子さん……ううう……気持ちいいです。ああう……」

私は真理子さんにキスをしたり首筋を舐めたりしながら力任せに膣奥を突き上げつづけました。すると、ナイトプールのときからずっと勃起しつづけていた私のペニスは、すぐに限界を迎えました。

「ああ、もうダメだ。出ちゃう。ううう！」

「いいわ。あああん、私もまたイキそうよ。いっしょに……いっしょにイキましょ。ああん」

「うう……もう……もう出る……あああ、出る出る出る……あっううう！」

私はペニスを根元まで突き刺したまま、腰の動きを止めました。次の瞬間、ペニスがビクンと激しく脈動し、精液が噴き出すのがわかりました。

それを膣奥に受けた真理子さんも、私に少し遅れて絶頂に上り詰めたんです。

「あああ！　イクゥ！　あっはあああん！」

その後も、私たちは朝まで何度も中出ししつづけました。

現在、私は真理子さんと結婚に向けた真剣交際を続けています。もう二度と私がマッチングバスに乗ることはないはずです。

自転車旅で泊まった鄙びた宿の美人女将
両手でペニスを包み込み頰擦りまで……

早田信二　会社員・三十二歳

自転車の一人旅は学生時代からの趣味で、結婚して妻子を持っても続けていました。

数年前、二人目の子どもが幼稚園に入り、少しだけ妻に余裕が出来たとき、久しぶりに三日間の休暇を妻と会社にもらい、短い長旅に出かけたときのことです。

夏の暑い盛りだったので、熱中症の危険を避け、目的地を北海道にしました。公共交通機関で北海道に入り、そこから自転車で旅をするという、まあ軟弱な旅程です。

道内に入ると、地図アプリを見ながらのんびり出発しました。

一日半で着いた目的地は、海を臨む鄙《ひな》びた旅館町で、イメージしていたとおりのところでした。

「おやまあ、お泊りですか」

迎えてくれた女将《おかみ》は私の希望どおり、ゆるい印象の人でした。

四十過ぎぐらいの、くたびれた幸薄そうな女性でしたが、キチンとお化粧をして着るものを選べばかなりの美人なのに、と第一印象で思いました。

「失礼しました。最近はお客さんはほとんど来ないので」

笑いながら言いわけっぽく謝る、まず普通の旅館やホテルではありえないゆるさで、正直私の好みにどんぴしゃでした。

「たぶん一泊、もしかしたら二泊でお願いできますか？」

「いいですよ。たいしたおもてなしはできませんが」

私の適当なオーダーにも、女将は臆することはありませんでした。

古びたいいかげんなエントランスの奥に、石油ストーブが出したままなのが非常に印象に残っています。

「ここは、女将さんと旦那さんの二人で？」

案内された部屋は八畳の畳敷きで、磯のにおいと古い畳のにおいが混在した、いかにも昭和なたたずまいの空間でした。

女将さん、と呼ぶことにも抵抗を覚えました。和装ではなく、襟の大きなベージュのシャツと赤いスカートだったからです。見た目よりも若い服装でしたが、ちょっと野暮ったく、そしてスカートの丈が妙に短かったのを覚えています。四十過ぎに見えても、美人でスタイルも悪くなかったので、どこか自分を知ったうえで無理をしているように思えました。

「離婚して一人です。大学生の息子は東京にいて、いまは旦那からの慰謝料で暮らしてます」

初対面なのに、出会って十分でそんなプライバシーをあけすけに話され、ちょっと絶句してしまいました。

私の前で女将らしく正座していたのですが、目のやり場に困りました。姿勢のせいでスカートがずり上がり、剝き出しの白いふとももがかなり見えていたのです。

「お夕食は六時でいいですか？　散歩しても、海以外見るものはないし、三十分で飽きちゃうわよ」

女将というより下宿のオバサンのような仕草と物言いでした。

女将さんの言うとおり、三十分で飽きて戻った私に、女将さんはコーヒーをすすめてくれました。

「女将さんもいっしょにどうですか？　ぼくの部屋で」

「あら、うれしいわ」

女将さんは二杯のコーヒーと茶菓子を部屋に持ってきてくれました。

「つきあい、いいですね。スナックのママみたいだ」

冗談めかして罪のない皮肉を言いました。

「スナックのママだったのよ。二十年前。そこで別れた旦那と知り合ったの」

女将さんによると、元旦那さんは敏腕ビジネスマンで稼ぎもよかったのですが、女遊びがひどかったので別れたとのこと。

「見栄っ張りでね。毎月の慰謝料をはずんでくれてるんで、助かってるの」

テーブルに肘を乗せ、手のひらに顎を乗せて、女将さんは艶っぽく笑いました。このときに、原田美佐江《はらだみさえ》さんという名前だと知りました。

ベージュのシャツから、白いブラジャーのエレガントな模様が透けていました。座卓ですが、原田さんは女座りを崩した座り方をしており、ふとももの大半が見えていました。ストッキングははいておらず、白い生足でした。

「食事はあとでいい？　先にお風呂の準備をしてくるわ。汗かいてるでしょ」

原田さんは言い、立ち上がろうとしました。片膝を立てたとき、見てはならないものを見てしまいました。スカートの奥の白いパンティが一瞬見えたのです。

「よかったら、女将さんもいっしょにここで食事をしませんか？」

「あら、優しいのね。甘えちゃおうかしら」

浴室は総ヒノキやゴエモン風呂などの歴史風情あるものではなく、昭和四十年代ごろのホーロー製で苦笑が出たものでした。

脱衣場のそれらしい浴衣を着ると、長めの風呂から出ました。

「お先でした」

自分の部屋に戻ると、テーブルには食事が二人分並んでいました。海の幸中心で、思っていたよりも豪華でした。

そして布団を敷いてくれていました。

見ると原田さんも浴衣姿になっていました。

「うふふ、全速力でお風呂に入ってお食事の準備をしたの」

元スナックのママは、少女のように笑いながら準備を終えました。

テーブルに向かい合わせになって両手を合わせ、私たちは夕食を摂りました。

双方の打ち明け話に花が咲きました。一期一会、あとくされのない関係なので、私は旅先で私事を話すのが大好きなのです。

「私、もうこの旅館を畳もうと思ってるの。儲けはないし、元旦那の慰謝料だけで生活はできてるし」

原田さんの浴衣は胸のVが開きすぎているように思えました。乳房のふくらみの始まりが見えていたのです。

「女将さん……胸、開きすぎてますよ」

言わなくてもいい注意を私がすると、原田さんはさっと両手で胸をふさぎました。

「エッチ、スケッチ、ワンタッチ」

笑いながら、耳を疑うような古くさいフレーズを口にしました。

「お酒はいかが？」

スナックのママの口調で原田さんは言いました。

「お願いします」と言うと、すぐに立ち上がり、熱燗《あつかん》を持ってきてくれました。

旅の疲れもあり、私はすぐに頭にお酒が回りました。原田さんも言葉の呂律《ろれつ》が怪しくなっていきました。ただ、ずいぶんあとから気づいたのですが、あれは多分に演技も入っていたのだと思います。

「原田さん、胸がまた開いてますって。おっぱいの三分の一が見えてます」

「あなたが見なきゃいいだけよ」

白い肌も薄ピンクに染まっていました。

「さっき、パンティまで見えたんですよ。白いのはいてたでしょ」

酔った勢いで、私はそんなことを口走っていました。

「いまはちがうわよ。あれはもう洗濯機の中」

原田さんは動じるふうもなく、そんな言葉を返してきました。

「どれどれ」

調子に乗った私は、テーブルの下をのぞき込みました。やることが中学生です。

浴衣のまま、原田さんはやはり女座りを崩した座り方をしていました。

そうして薄暗いふとももの奥に、ベージュか薄ピンクのパンティが見えたのです。

エレガントなフリルがついたもので、セクシーでややオバサンくさいものでした。

「……すみません、調子に乗りました」

姿勢を戻すと、バツの悪さから私はモゴモゴと言いました。

原田さんも「いえ……」と言葉を濁しました。

食事は終えており、私たちはしばらくお酒だけを少しずつ飲んでいました。

勇気を振り絞り、テーブルの上の原田さんの手に、自分の手を重ねました。

「あ、なにをするの……」

「原田さん、きれいですね。それに、とてもセクシーら」

実際よりも酔ったふりをして、わざと怪しい口調で言いました。

「原田さんと、エッチしたい」

私は強く手のひらを握りました。

「まあ、まあ……困るわ、そんなこと……」

顔を伏せ、困り果てたような口調は本物に思えました。芝居ならたいしたものだと思いました。ただし、つかまれた手を逃がすそぶりはまったくありませんでした。

「もう……こんなことは一生縁がないと思っていたのに……」

彼女は顔を伏せ、泣くように言いました。

「なに言ってんです。まだ四十代初めでしょう。ぼくみたいな若造を簡単に落とせるのに、もったいないですよ。人生百年時代、まだ折り返し点も来てませんよ」

われながら意味の怪しい説得でした。

私は立ち上がり、だらしなく座っている原田さんの腕を持ちました。

「さあ、お布団もすぐそこにあるじゃないですか。善は急げです」

「待って」

原田さんは私の手をゆるりとほどきました。そうして、私を中途半端に見上げました。彼女の視線は、私の顔や目ではなく、腰あたりに向けられていたのです。

浴衣の腰の前で、私のペニスは浅ましくテントを張っていました。

「ああ……」

湿っぽい声を洩らしながら、原田さんはそっと私のテントに手を伸ばしました。私に断るでもなく、原田さんは私の帯をほどき、浴衣を左右に広げました。

「ああ、私なんかで、こんなに大きくして……」

生活に疲れた美人の顔には、あきれと昂りとうれしさが浮かんでいました。

「ちょっと、見せてね」

そう言うなり、私のボクサーブリーフの腰ゴムを両手に取り、わりと遠慮のない力で下げました。

勃起したペニスは弾みで大きく跳ね上がり、原田さんはまぶしそうに目を細めました。

「まあ……なんて大きくしてるの」

子どもを優しく叱る母親のような口調で言いました。

両手でペニスを包み込み、なで回し、頬ずりまでしてきました。

「ああ、熱い……熱い、なんて大きいの……すてき、すてきだわ」

興奮なのか感動なのか、独り言のような声ははっきりと割れていました。

「お客さん、ちょっと舐めさせてね……」

フェラチオを受けるときに、そんな言葉をかけられたのは初めてでした。原田さんは私ではなく、ペニスに向かって許可を求めていました。

上から見ていても、伸びてきた赤い舌は唾液でキラキラ光っていました。

巻き舌を繰り返し、ペニスをベロベロと舐め上げるさまは、夏の犬のようでした。

「んんっ、あああっ！　よこっ……原田さんっ」

できるだけ背をそらし、ペニスを突き出すようにしていましたが、性器を集中的に責められ、ときおり腰が引けてしまいそうになりました。

「あん、ダメ！　もっとしっかり突き出して。男の子でしょ」

原田さんは抱き寄せるようにして私の尻に手を回し、腰を前に戻させました。

それまで浮気や火遊びをしたことがなかったので、妻以外の女性からこんなことを受けることにひどく罪深い思いがし、同時にそれがかえって昂りを強めていました。

「あああ……このにおい、たまらないわ。なんてすてきなの……」

まるで男性に強く抱かれているような、切羽詰まった苦しそうな声音でした。

ペニスを根元から先まで、全方位に舐め尽くしてくれました。十分とはいえない照明の下でも、私の浅黒いペニスは、原田さんの唾液でピカピカに光っていました。

「お客さん、いただくわよ……」

ペニスを両手で包むように持つ姿は、あか抜けない昭和の新人歌手のようでした。

ペニスの先を見つめて言うと、原田さんはゆっくりと目を閉じ、口を縦に丸く開けました。いわゆるハメ撮りの光景に似ていると思ったことを覚えています。

「んあああっ！　よこっ……あああっ」

私の膝はガクガクと震えだし、台風中継の女性アナウンサーのように立っているのがやっとというありさまでした。

頭を前後に揺らしつつ、舌のザラザラでペニスの裏を強くこそげてくるのです。

原田さん自身も楽しんでいたのでしょうが、私にとっても極上のサービスでした。

情けないことに、ほどなく射精の予感が走ってしまいました。

「原田さんっ、ちょっと待って！　でっ、出てしまうっ」

彼女はゆっくりと動きをとめ、名残惜しそうに口から出しました。

「うふん、私の口の中に出してもよかったけど」

ため息に似た熱く湿った吐息がペニスにまといつきました。

「ほら、お布団に行くんでしょ？　善は急げって言ったじゃない」

赤い顔にいたずらっぽい笑みを浮かべ、私を布団に導きました。私よりも十歳も年上なのに、私より二歳年下の妻よりもかわいらしく小悪魔的に見えました。

「お客さん、浴衣を脱いで、寝て」

彼女は優しい声ながら、はっきりと指示してきました。

私は全裸になると、布団の上にあおむけに寝ました。

うふん、と笑いながら、彼女も紐をほどき、浴衣を観音開きにして脱ぎ捨てました。着衣の上からでもわかった巨乳は、熟れて甘くなった果実のように、年齢相応に垂れていました。その下はベージュのパンティで、フリルのついたビキニタイプなのに、やはり少々オバサンくさいものでした。

「男の人の前で下着を脱ぐの、久しぶり。恥ずかしいわ」

両手を腰にやり、上半身を屈めてパンティを脱ぎ去りました。膝を内側に曲げる仕草が美しかったのを覚えています。

「あぁ……やっぱり肌を重ねると、あったかいわね」

原田さんはまっすぐ私に重なってきました。妻よりもやわらかく熱い肢体が、広い面積で被さってきて、息苦しさも快感に変わっていました。

両脚を外に広げたまま、原田さんは上半身を起こしました。自分主導でセックスするつもりなのはすぐにわかったので、私は受け身に徹することにしました。

顔を下に向け、片手でペニスをつかむと、自分の性器まで持ち上げました。わりと遠慮のない動きで、私は「んんっ」とうめいてしまいました。

黒髪が顔半分を隠してまっすぐ垂れるさまは、セクシーでもあり、どこか日本のホラー映画のようでもありました。

「ああ、あああ……来てる、来てるわ……」

ゆっくりと上半身を落としていき、まっすぐ立てたペニスを自分自身に埋没させていきました。

ずん、とたしかな重みとともに、やわらかなお尻が私の鼠径部《そけいぶ》に乗ってきました。

「ああ、なんて気持ちいいの。久しぶり……やっぱり、いいものね……」

うっとりと目を閉じながら、原田さんはかすれるような声で言いました。眉根はどこか苦しそうにヒクヒクと揺れているのに、口元は笑っているのです。

原田さんは口を閉じ、満足そうに微笑むと、私の腹に両手を置き、上半身を上下に動かしはじめました。

「あんっ、あんっ、あんっ……いい、いいわっ、私の中で、暴れてるっ……！」

上下運動に言葉を切らせながら、原田さんは早口で言いました。

上下ピストンのたびに、鼠径部に押しつぶされそうな圧が掛かりましたが、それも私の悦びとなっていました。

両膝をM字に立てた彼女は、上半身の重みのすべてを私の腰に落としてきました。

ペニスの先が彼女の膣のいちばん奥まで達しているのがわかりました。

原田さんは、押しつけたお尻を、石臼のようにグルグルと回しはじめたのです。

「ああぁっ、気持ちいいっ……オチ○チンが、私の中で躍ってる……！」

彼女は、上半身のダイナミックな上下運動を再開しました。四十代女性のやわらかな巨乳が、上下の動きに一泊遅れて揺れるさまが圧巻でした。

「さあ、今度は私が下になるわ。お客さん、後ろから……」

彼女は一方的に言い、ペニスを抜くと、布団の上にうつぶせになり、お尻だけを器用に突き上げてきました。

「お客さん、来て……」

お尻だけを突き出したへの字になりながら、苦しそうにお尻に回した手で示してきました。

「……まさか旅行の初日に、美人女将のお尻の穴まで見ることができるなんて、今朝まで想像もできませんでしたよ」

膝立ちで原田さんのお尻に向かっておどけた口調でそう言うと、

「そっちじゃないわ。まちがえちゃ、ダメよ」

と彼女にたしなめられました。

「……女将さん、これで、出しちゃうかも」

挿入直前、私は情けない口調でそんなことを口にしました。

「いいわよ。たくさん、出してね」

激しい膣内摩擦で、白く泡立ったペニスを握り、私は原田さんに挿入しました。

「ああ、いい……来てる。太いのが……来てるっ！　あああっ」

嗚咽《おえつ》のような声で原田さんは叫んでいました。

妻よりもひと回り大きなお尻をつかみ、私は歯の根を食いしばって最後まで埋没させました。

「女将さん、すごく、締まり、いいですっ！」

奥歯を嚙みしめて、私は言いました。

そうしてピストン運動を始めたのですが、原田さんの膣は途中で狭いところがあり、それが往復のたびにペニスを強くこそげてくるのです。結婚までに複数の女性と性体験がありましたが、こんな経験は初めてでした。

「んあっ、女将さんっ、すごくっ、いいっ！　もう、出そうだっ！」

激しい腰振りで、ペニスも膣も熱を帯びていました。私は息も詰めて振動に近いぐらいの速さで腰を振っていました。

「ああっ、出るっ！」

「あああっ、熱いの、来てるっ、あああっ、ああああっ！」

近隣に聞こえるのではないかと思えるほどの声で、原田さんは叫びました。

その後、信じられないぐらいていねいな、いわゆるお掃除フェラを受け、一時間ほどおいて、また第二戦に及びました。

結局その夜、私は四度に渡って女将さんの中に射精しました。

その旅館がどうなったのかはわかりません。廃業したと思うのですが、女将さんと連絡先などは交換しておらず、ホームページもないため、確認できないのです。

伯母と女友だち二人との旅行に誘われ人妻との初体験で中出しまでして……

秋山裕也　会社員・三十歳

学生最後の年、伯母が旅行に連れていってくれました。

伯母は生涯独身なので、ぼくのことを小さいころからかわいがってくれています。

「社会人になったら、いままでみたいにいっしょに出かけてくれなくなるでしょう」

そう言って誘ってくれたのですが、女友だち二人もいっしょだと聞いて、体《てい》のいい運転手兼荷物持ちみたいなものだろうと思いました。

それでも、自分ではなかなか泊まることのできない海辺の高級ホテルや、豪華なディナークルーズなどを、楽しみにしていました。

伯母は、友人二人にぼくのことを自慢したい気持ちもあるのだと言いました。

「二人とも、あんたの写真見せたら、すごいイケメンねって大はしゃぎだったわ」

同年代にはモテないのに、なぜかおばさんウケはいいようです。たとえ相手が五十代の主婦でも、そんなふうに言われれば悪い気はしません。

当日、三人を乗せて出発したのですが、そのにぎやかさに圧倒されていました。

和江《かずえ》さんも久美子《くみこ》さんも初対面でした。

伯母と同じく五十二歳とのことでしたが、めかしこんでいたせいか、二人とも年齢より若々しく見えました。それぞれ子どもはいるらしいのですが、息子がいないことを嘆《なげ》いてぼくをいじってきました。

「こんな息子が欲しかったわ。よく腕を組んで買い物する親子を見るじゃない？」

「そうそう、うらやましいわよね。でも、こういうイケメンじゃないと絵にならないわ」

そんな二人の言葉を聞いて、助手席に乗った伯母は得意げな顔をしていました。

三人のおしゃべりを聞いていると、伯母以外の二人は、この旅行に並々ならぬ意欲を持って臨んでいることがわかりました。

家族と離れることや、家事から解放されることは、簡単ではないらしいのです。

「この三日間は、日常を全部忘れて、思いっきり羽を伸ばすわよ！」

久美子さんが言うと、和江さんも大きくうなずいていました。

その日は観光地をぐるぐる回ったあと、ようやくホテルにチェックインしました。

窓から海の見える最高のロケーションです。

部屋は二つ取ってあり、ぼくは伯母と同室でした。

汗を流してから食事をすませると、夜はぼくたちの部屋に集まって宴会が始まりました。ぼくは昼間の移動でかなり疲れていましたが、おばさんたちはとにかく元気で、持ち寄ったビールや缶酎ハイをごくごく飲んでいました。

一日行動をともにするうちに、二人の女性もぼくに対してもすっかり打ち解けた様子で、酒を勧めながらそばに寄ってきました。

「もう酔っちゃったの？　かわいいわね。大丈夫、あたしが介抱してあげるから」

そう言ってからかってきたのは和江さんでした。すると久美子さんも負けじとぼくにすり寄ってきました。

「だめ、あたしが面倒を見るの。近くで見てもイケメンね、こんな彼氏が欲しいわ」

「あら、あんたの旦那だって、なかなかの男前じゃないの」

「やっぱり若い男がいいわよ。ほら見て、お肌もピチピチよ」

久美子さんに頬をなでられ、ドキッとしてしまいました。伯母にはよくボディタッチされていましたが、よその女性となるとまた違うものです。

それに、久美子さんはほかの二人と比べて、ムンムンとした色気がありました。

色白でぽっちゃりしているせいか、年齢のしわが目立たないのです。

艶々とした髪はきれいにカールされていて、動くたびに揺れる大きな胸元は、浴衣の襟からいまにもこぼれ落ちそうでした。

翌日は、ビーチで日光浴をしてから、夜にディナークルーズの予定でした。

三人とも、肌は焼きたくないと言いながら、水着姿になっていました。

「せっかく海に来たんだもの。水着じゃないと気分が盛り上がらないわよ」

和江さんも久美子さんも、この日のために買ったという水着を着てはしゃいでいました。さすがにビキニではありませんでしたが、背中や腰のあたりが大胆に開いている露出の高いデザインでした。

「もっとダイエットすればよかった。まぁいいわ。どうせ誰も見ていないだろうし」

「でも、旦那や娘には見せられないわね。みっともないって怒られちゃう」

彼女たちは、遠慮して視線を逸らせていたぼくにおかまいなしで、日焼け止めを塗ってくれとせがんできました。

パラソルの下でうつ伏せに寝た三人の背中に、順番にクリームを塗っていると、ちょっとエッチな気分になってきました。

むっちりした腰や尻を水着に食い込ませていて、その脇からは、たるんだ生白い肉がはみ出していました。

童貞のぼくが知っている、グラビアアイドルの体とは、あきらかに違うものでした。けれど、形の崩れた彼女たちの体は、なぜだかアイドルの体よりいやらしく見えたのです。じかにふれたせいかもしれません。

なかでも久美子さんの体はゴムまりのように柔らかく、少しふれただけで、指先がムニュッと沈み込んでしまいました。

ぼくの胴回りくらいありそうな太腿にクリームを塗っていると、手を動かすたびに、お尻までブルブルと揺れていました。

胸とかもっと、すごいんだろうな……そんなスケベなことを考えていたとき、彼女が体調不良を訴えはじめたのです。

伯母の指示を受け、急いで彼女を車に乗せて病院に向かいました。

診断は、軽い熱中症とのことでした。いくらなんでもふだんアウトドアと無縁の主婦が、いきなり二日酔いでビーチに出るなんて無謀なことだったようです。日常から解放されて、はしゃぎすぎたのかもしれません。

ホテルに連れて帰ると、医者に言われたとおりにベッドに寝かせて氷のうや冷たいタオルを当ててあげました。

しばらくするとだいぶ落ち着いてきた様子でしたが、念のため彼女は夜のディナークルーズをキャンセルすることになり、ぼくがついていることになったのです。

伯母は申し訳なさそうに「今度また、連れていってあげるわね」と言いながら、いそいそと身支度をととのえて、和江さんと出かけて行きました。

すぐにぬるくなってしまうタオルを氷水で冷やしては、彼女の体に当てることを繰り返していました。

「私のせいで行かれなくなって、ほんとうにごめんなさいね」

久美子さんがベッドに横たわったまま声をかけてきました。

「気にしないで。病人を放ってなんかおけないし、また来ればいいんだし」

そんなふうにかっこつけて答えていましたが、ほんとうは、部屋に残ることもまんざらいやではありませんでした。海の見えるホテルの部屋で、初めて女性と二人きりになったことに、高揚感すら覚えていたのです。

「優しいのね、もっと甘えたくなっちゃう。ねえ、水着を脱がせてくれる?」

一瞬耳を疑いましたが、彼女は訴えるような目で見つめ返してきました。病院に急いでいたので、水着の上にパーカーと短パンを身につけたままだったのです。

「体が締めつけられていて苦しいの。お願い、助けて」

熱中症のせいなのか、白い頬は赤くほてっていて、瞳がうるんでいるように見えました。そうだ、病人なんだから意識しすぎるほうがおかしいぞと自分に言い聞かせて、彼女のもとに駆け寄りました。

上半身を片手で抱きかかえながらパーカーを脱がせると、彼女は力を抜いて、ぼくの胸に顔を埋めてきました。顔と顔がくっつきそうな距離になってドキドキしました。

パーカーを脱がせて再び体をベッドに押し戻すと、水着からはみ出しそうになっているおっぱいが目に飛び込んできました。

興奮と緊張が彼女にバレてしまわぬよう、平然とした顔を作るのに苦労しながら、続けて、短パンのジッパーをおろし、脱がせていきました。

「あはん、太っているから恥ずかしいわ」

水着姿を散々見せつけていたくせに、彼女は急にもじもじしはじめました。やはり、ビーチとベッドの上とでは違う気分になるようです。

彼女が恥ずかしそうに太腿をぎゅっと閉じたとき、そのすき間に顔を埋めたい衝動に駆られ、ぐっとこらえました。

夕方でしたがまだ外は明るく、開けっ放しのカーテンの向こうには、広大な海の景色が広がっていました。

その景色のせいでぼくも、ひょっとしたら彼女も、いつになく大胆な気分になっていったのかもしれません。

あとは水着を脱がせるだけでした。

「ほんとうにいいんですか？　これ、ぼくが脱がせちゃって」

久美子さんはコクンとうなずいて、あおむけに広げた体をのけぞらせていました。

「こんなことまでさせたら、伯母さんに怒られちゃうかしら？　うふ、ナイショね」

同室で寝泊まりする伯母でさえ、ぼくを気づかって、風呂場で着がえをしていました。ぼくはまだ、生の女の裸を見たことがなかったのです。

誘導されるまま、肩紐に手を伸ばして、ずりおろしていきました。

水に入ったわけでもないのに、水着は汗で湿り気を帯びていて、なめらかな皮膚にぴったりと張りついていました。

力を込めてズルッと引きずりおろした拍子に、まん丸い大きなおっぱいがこぼれ出しました。

色白の体の中でも、ひと際白い部分でした。色が白い分だけ、乳輪の黒さが目立っていました。乳首はコリッととがっていて、いかにも感度がよさそうに見えました。

「こんなことしているのがバレたら、旦那さんに怒られちゃいますね」

彼女の体には、まだ現役なんだろうなと感じさせるみずみずしさがありました。

「そうね、うちの人嫉妬深いから。でも最近は月イチくらいだから、欲求不満よ」

男っ気のない伯母との色気の違いは、内面からにじみ出る部分なのかもしれません。

股間がムクッと反応してしまったのであわてて腰を引き、途中までおろしていた水着をさらに下げていきました。

「こんなふうに男性に脱がせてもらうのは、何年ぶりかしら。ムズムズしてきちゃう」

彼女は脱がせやすいように腰を浮かせて待っていました。

ぼくにとっては初めての経験でとまどいもありましたが、好奇心につき動かされるまま、えい！　と水着を引っぱっていきました。

とうとう全裸になった彼女は、さっきよりも頬を赤く染めて、鼻にかかったような声を出しはじめました。

「ア、アン！　見ちゃイヤ、だめ、恥ずかしい、アァン……」

剝き出しになった下半身の、盛り上がった恥骨に目を奪われました。

黒々とした陰毛は髪と同じようにフサフサで、手入れをされている様子はありませんでした。無防備な人妻の、見てはならぬ部分を見てしまった気がしたのです。

「すみません！　だめって言われても、もう、見ちゃいました」

あわてて布団を被せると、久美子さんはクスっと笑ってその布団を跳ね除けました。

「違うの……ほんとうは見てほしいの。それとも、こんなおばさんの裸、興味ない？」

そんなことはないと首を振ると、彼女の手がヌッと股間に伸びてきました。硬くなったものを服の上からさわられたのです。

「あら、ほんと、カチカチね。ここは正直だものね。うふん、うれしいわ」

いやらしい手つきでなでられて、勃起はますます激しくなってしまいました。

久美子さんは、壁の時計をちらっと見てから、ぼくの顔をじっと見つめてきました。

「ねえ、もっといけないことしたくない？　まだ当分あの人たち帰ってこないわよ」

彼女の言葉に、込み上げる喜びを隠し切れませんでした。

「で、でも……正直に言いますね。えっと、ぼく、したことがないんです」

すると久美子さんは、うんうんとうなずいてぼくの腕をつかみました。

「大丈夫、教えてあげるから。さあ、あなたも脱いで。こっちにいらっしゃい」

バカにされるかもしれないとおびえていたのですが、彼女の眼差しに温もりを感じたぼくは、安心して服を脱ぎ捨てていました。

「あの、体の具合はもういいんですか？」

重ねた彼女の体が思いのほか熱かったので、気になって声をかけました。

「おかげ様でもうすっかり元気よ。だって、ほら、さわってみて」

そう言ってぼくの手を握り、自分の股間に導いたのです。太腿のすき間に手をねじ込むと、陰毛の奥はべっとり濡れていました。

その濡れ方は尋常ではなく、男の射精に負けないくらいの愛液が噴き出していたのです。

「あなたに脱がせてもらっていたら、こんなになっちゃったの」

未経験のぼくでも、女が感じないと濡れないことくらいは知っていました。百戦錬《れん》磨《ま》の熟女を自分が興奮させたということがうれしくて仕方ありませんでした。

久美子さんの胸に顔を埋めると、ギュッと抱き締められました。

柔らかいおっぱいに頬をこすりつけながら、濡れている陰部を指先でいじくり回しました。愛撫するというよりは、初めてふれた女性器が珍しくて、感触や構造を探っていたのです。

すると彼女は吐息交じりの声を出しはじめました。

「フゥ～、ほんとうに初めてなの？　そんなふうにコチョコチョされたら感じてきちゃう」

どうやら気持ちがいいらしいとわかり、さらに指を動かしてみました。ヌルついた亀裂をたどっていると、その中央部分の窪みに指先がにゅるっとハマりました。

「アッ、アアッ、いいわ、そこよ。もっと奥まで入れていいのよ」

彼女が声をあげるたびに、指がキュキュッと締めつけられて、ぼくの意思とは関係なくさらに奥へとすべり込んでいきました。

まるで、生ぬるい海水の下にある柔らかな砂に足をとられていくような感覚でした。その感触はとても心地よく、こんな場所にペニスを突き刺したらひとたまりもないだろうと想像しながらまさぐっていました。

久美子さんの喘ぎ声はしだいに大きくなり、頬擦りしていたおっぱいが、タプン、タプンと波打ちました。

「胸も、感じるの。舐めて！　アハ、アハハン、気持ちいい」

朝、きれいに塗られていた口紅は剝がれ落ち、アイラインが目尻ににじんでいました。なりふり構わず喘ぐ彼女を見ていたら自信がわいてきて、おっぱいをもみくちゃにしながら、夢中で吸いついていました。

口に含んだ乳首を舌先で舐め回していると、久美子さんは全身をピクピクふるわせました。感度が抜群で、責めているだけでも楽しくなってきてしまいます。

「奥さんがこんなにエッチだったら、旦那さんも喜ぶでしょうね」

アソコに挿し込んだ指をクネクネ動かしながら言うと、久美子さんは腰を大きく揺すってさらに激しく悶えました。

「いやん。いつもは、こんなじゃないのよ。私、今日はおかしいの」

いつもは違うなんて、その乱れ方を見ていたらとても信じられませんでした。指だけでこんなによがるなら、挿入したらいったいどうなってしまうんだろうと期待に胸をふくらませていると、ペニスをギュッと握り締められました。

「こんなに硬いのをさわったのが久しぶりだからかしら。お口でしてあげる」

あおむけに押し倒されて、なんだなんだと思っているうちに、目の前にぱっくり割れた女のアソコが迫ってきていました。

「ハァ、ハァ、舐めっこしましょ。練習だと思って、好きにやっていいわ」

そう言った彼女はさっそく、ペニスにしゃぶりついてきました。思わず声が洩れてしまうほどの気持ちよさに包まれ、その勢いで赤い亀裂に吸いついていました。

大きな尻で顔面をおおわれてしまうと逃げ場もなく、未経験のためらいは吹き飛んでいました。

呑み込まれたペニスに、濡れたビロードのような感触の舌が巻きついてきました。

強く吸われたり、指先でなでられたりされていると、何度もイッてしまいそうになりましたが、久美子さんはまるでそれを見透かしているかのように、直前でふっと力をゆるめるのです。

「若いから爆発寸前ね！　でもまだ出しちゃだめ。もっといっぱい楽しむのよ」

ぼくの体を巧みにコントロールしながら、時間の許す限り楽しもうとしているようでした。尻に圧し潰された顔面は、吹き出している愛液でヌルヌルにされていました。寸止めされる歯がゆさをかき消すように、濡れたワレメに舌を突き刺すと、彼女の喘ぎがいちだんと大きくなりました。

「ムフゥ～ッ！　ア、ア、ア、かわいい子犬みたい。いい子ね、ペロペロがじょうずよ」

まさに、おだてられて尻尾を振る子犬のようだと自分でも思いました。ほめられたいばっかりに舌を動かしつづけながら、最後の褒美を待っていたのです。

海底の砂のように絡みつく温かい穴の中に、一刻も早く入れてみたくてウズウズしていました。

「く、久美子さん、あの、そろそろ……入れさせてもらえませんか」

顔を圧迫してくる尻を両手で持ち上げてすき間を作り、我慢できずに訴えました。

「もう我慢できなくなってきた？　私もよ。ずっとムラムラしてるの」

咥えていたペニスを離して振り向いた彼女は、熱に浮かされていたときと同じように目をトロンとさせていました。

その顔を見たらますます早く入れたくなって、起き上がろうとすると「寝ていて」とベッドに押し返されてしまいました。

「さっき看病してもらったから、今度は私が動く番よ」

髪をかき上げながらぼくの腰に跨ってくると、膝立ちになり、しっかりペニスをつかんだまま腰を沈めました。

次の瞬間、亀頭が温かいものにふれたかと思うと、あっという間に根元まで彼女の中に入ってしまいました。

穴の中は、指で感じたよりもずっと深く、ずっと窮屈でした。ふわふわとした感触の壁は、不規則に収縮しながらペニスにまとわりついてきました。

「アッハ～ッ、おっきいのね、いいわ、いいわ、私のお腹をくり抜いてちょうだい」

ビア樽みたいな腰を、グィン、グィンと回転させる姿を見ているだけで、勃起が勢いを増しました。白く、ふっくらとしたお腹の中心を、自分のものが貫いているという達成感にも似た気分でした。

「アン、アァッ！　旅から帰っても、このオマ○コを思い出してね、また入れてね！」

彼女が動くたびにペニスが締め上げられました。

「あ～ん、もうだめ……もう、あ、あ、あ、昇天するぅ～！」

久美子さんが白い喉をそらせて、さらに激しく腰を振り立てたとき、ぼくも一気に昂ってきました。

「まずい、出ちゃいそう！　ゴムは？　ねえ、久美子さん、どうしよう！」

ぼくの心配など耳に入らないかのように久美子さんは「イク、イクー！」と叫んだまま動きを止めようとしませんでした。

「お腹の中にちょうだい！　あなたの精子、お土産に持って帰るの、いっぱい出して」

すべてが終わってからも、彼女は真顔で「これが、いちばんのお土産よ」と言って、陰部から逆流してきたぼくの精液を、指先ですくって舐めていました。

枕もとのスマホを見ると、伯母からのメッセージがたくさん入っていました。

「まずい！　もうじき帰ってきちゃう！」

ぼくたちは親にイタズラを隠す子どものように笑いながら、大あわてで身支度をしました。

その後、彼女とは連絡を取り合ったものの、セックスする機会はありませんでした。賢い熟女はどれほど乱れても、家庭に戻れば火遊びと割り切るようです。その初体験が忘れられず、現在、十歳年上のぽっちゃり美人と交際しています。

◉新人作品**大募集**◉

マドンナメイト編集部では、意欲あふれる新人作品を常時募集しております。採用された作品は、本人通知のうえ当文庫より出版されることになります。

【応募要項】未発表作品に限る。四〇〇字詰原稿用紙換算で三〇〇枚以上四〇〇枚以内。必ず梗概をお書き添えのうえ、名前・住所・電話番号を明記してお送り下さい。なお、採否にかかわらず原稿は返却いたしません。また、電話でのお問い合せはご遠慮下さい。

【送付先】〒一〇一－八四〇五 東京都千代田区神田三崎町二－一八－一一マドンナ社編集部 新人作品募集係

禁断告白スペシャル《きんだんこくはくすぺしゃる》 旅で出会った夏熟女たち《たびでであったなつじゅくじょたち》

二〇二二年 九 月 十 日 初版発行

編者◉素人投稿編集部【しろうととうこうへんしゅうぶ】

発行◉マドンナ社
発売◉二見書房
東京都千代田区神田三崎町二－一八－一一
電話 〇三－三五一五－二三一一（代表）
郵便振替 〇〇一七〇－四－二六三九

印刷◉株式会社堀内印刷所 製本◉株式会社村上製本所 落丁・乱丁本はお取替えいたします。定価は、カバーに表示してあります。

ISBN978-4-576-22123-6 ◉Printed in Japan

マドンナメイトが楽しめる！ マドンナ社**電子出版**（インターネット）……………https://madonna.futami.co.jp/

Madonna Mate